KB235270

高麗時代 南京研究

최 혜 숙 지음

景仁文化社

책 머리에

이 책은 1999년에 취득한 필자의 박사학위논문을 수정·보완하여 엮은 것이다.

고려시대의 남경은 서울특별시사편찬위원회에 근무하는 필자에게 관심이 가는 주제였다. 그리하여 남경에 대해 몇 편의 논문이 있기는 하나 체계적으로 정리할 필요를 느꼈다.

그러나 자료의 부족과 필자의 능력의 한계로 인하여 기대 만큼의 성과를 거두지 못하였다. 이후 기회가 되는대로 보완할 수 있기를 희망하며 아래에 본문을 요약 정리하여 머리말로 대신한다.

南京은 高麗時代 三京 중의 하나였고 朝鮮時代의 首都였던 漢陽지역이었으며 현재 서울지역 중 일부였다. 고려의 삼경은 시대에 따라 다르다. 고려 成宗代 경주에 東京이 설치되면서 수도인 開京과 평양에 설치된 西京을 합해 삼경이라 칭하였다.

그 뒤 文宗代에 남경이 설치되어 4경이 되었으나 때로는 개경을, 때로는 동경을 제외시켜 삼경이라 하였다. 개경을 제외시킨 삼경은 지방행정구획상의 지칭이고, 동경을 제외시킨 삼경은 국왕이 순행하기 위한 巡狩京으로서의 삼경이었다. 고려초에는 남경지역을 양주라고 하였고 후기에는 한양이라고 하여 문헌상에서는 그 명칭이 혼재되고 있다.

본 연구는 南京의 設置, 南京의 行政組織과 官員, 南京의 領域, 南京으로의 巡幸, 南京으로의 遷都 등의 내용으로 구성되어 있다.

제Ⅱ장에서는 南京의 設置에 대해 다루었다.

楊廣道에 속해 있던 楊州가 南京으로 승격된 해는 文宗 21년(1067)이고, 남경궁궐이 완성된 것은 그 이듬해였다. 곧 몇 년 뒤에 남경이 폐지되었다가 肅宗 4년(1099)에 왕명으로 남경을 다시 설치할 것을 논의하였으며 2년 뒤 南京開倉都監을 설치하고 役事를 시작하였다. 5년 후인 同王 9년(1104) 5월에 궁궐의 건설과 함께 남경이 재설치 되었다.

南京을 設置하게 된 배경은 기존에 존재했던 우리민족 특유의 山川崇拜思想에 風水圖讖思想을 받아들여, 王都의 延基를 위한 祈福信仰과 巡幸地로서였다고 생각한다. 특히 문종의 불교와 풍수도참사상 신봉의 영향이 컸던 것으로 추정된다.

아울러 백제의 수도였던 양주지역 유민들을 배려하며 그 지역을 발전시키려는 의도도 있었던 것으로 생각된다.

제Ⅲ장에서는 南京의 官員에 대해 살펴보았다.

南京에 소속된 관직으로는 留守·副留守·判官·司錄參軍事·掌書記·法曹·醫師·文師가 있고, 각 1명씩 모두 8명의 官員을 두었다. 南京留守는 고려시대 남경의 최고 관직으로서 3품 이상인 자가 임명되었다. 남경유수는 본래 文班이었으나 武臣도 임명될 수 있었고, 兼職도 가능했으며, 다른 관직에서 남경유수로 左遷되기도 했다.

문종대에 남경유수로 임명받은 사람은 기록에 나타나지 않는데, 문종대에 남경을 폐지할 때까지 단 1회의 임명도 없는 것으로 보아 문종대에는 남경관직을 임명하지 않았던 것으로 생각된다.

南京副留守는 留守보다 낮은 등급의 관직으로서 4품 이상의 관원 1명을 두었다. 判官은 睿宗 때 少尹으로 바뀌었는데, 6품 이상인 자 1명을 두었다. 司錄參軍事는 7품 이상인 자 1명을 두었는데, 거의 科擧에 及第한 뒤 任用되었으며 壯元及第한 사람도 있었다. 掌書記는 7품 이상인 자 1명을 두었는데, 門蔭에 의해서도 임명할 수 있는 자리였다.

제IV장에서는 南京의 領域에 대해 재검토 하였다.

문종대 폐지되었던 남경은 숙종대 다시 설치되며 숙종대 남경의 위치는 『高麗史』에 '삼각산 남쪽 木覓山 북쪽 평지'라고 규정되어 있고 그 영역은 '東으로 大峯, 南으로 沙里, 西로는 岐峯, 北으로는 面岳'까지라고 정하였다.

남경의 屬郡으로는 交河·見州·抱州가 있고, 屬縣으로는 幸州·峯城·高峯·深岳·豊壤·沙川이 있다.

제V장에서는 南京으로의 巡幸에 대해 검토하고 아울러 巡幸衛仗에 대해 자세히 살펴보았다.

肅宗 이후에 실시된 남경으로의 巡幸 역시 風水圖讖思想에 입각하여 南京地域을 중시하고, 王都로서의 수명을 연장시키려고 한 祈福的인 성격을 띠고 있다.

南京巡幸에서 돌아 온 후에는 赦免令을 내려 죄수들을 석방하기도 하고, 순행지와 경유지 백성의 노고와 경제적 소모를 감안하여 그 해의 租稅를 반으로 감하여 주는 등, 惠政을 베푸는 면모를 보였다.

南京으로 巡幸할 때에는 平章事를 비롯한 參知政事·權知樞密院副使·判御史臺事 등 고위관직자들이 수행하였으며, 巡幸 기간은 문헌상의 기록으로 유추해 보면 왕에 따라 차이가 있겠으나 대략 40일 정도가 소요된 것으로 추측된다. 한편 巡幸 때에 현지 관리들은 주민을 暴斂하여 임금의 食饌을 사치스럽게 하고, 高官들에게 뇌물을 주어 환심을 사려고 하였기 때문에, 현지 백성들의 피해가 컸고 그에 따른 원성이 높았다.

南京巡幸衛仗은 西京巡幸衛仗과 함께 毅宗代에 제정되었는데 현재 그림이 남아있지는 않으나 문헌상의 규모로 보아 그 규모가 매우 장대하고 화려하였을 것으로 짐작된다. 순행시 그대로 행해졌는지는 알 수 없으나 기록대로 보면 왕의 위엄을 대외에 과시하기 위하여 약 3,700여명이 넘는 인원이 巡幸에 배치되었다. 호위대인 先排隊·淸遊隊·白甲隊·骨朶子隊·銀粧長刀隊·中禁班·都知班·牽龍班·玄武隊·衛身馬隊·後殿隊·巡檢左右府 등의 군사가 왕을 호위하였는데, 이는 삼국시대에 행해진 巡幸에 비하면 매우 규모가 커진 것이었다.

毅宗代에 巡幸衛仗을 규정한 이유는 毅宗이 王朝의 中興과 좋은 정치의 실현 등을 각별히 念願하고 실현시키고자 한 것이었다고 할 수 있다. 그러한 왕의 의도는 실제 정치면에서 구체적인 성과로 나타나지는 못하였고, 오히려 의종 일대를 통하여 왕권능멸풍조로 나타났다. 이에 대한 의종의 반응은 佛·神 등 절대자에 의존하거나, 문신들에게 자기과시를 하거나, 각처로 행차하면서 피신하거나 하는 행동 등으로 나타났다. 이러한 과정에서 장엄한 巡幸衛仗이 제정된 것으로 추측된다.

그러한 점에서 순행위장의 규모와 장식의 장대함을, 의종 개인의 방종과 사치스러운 성격에만 치우치게 연관지어 파악하는 일부의 의견들은 무리가 있다고 할 것이다. 즉, 의종이 그러한 위장제의 확립을 통하여 왕권의 위용을 대외에 과시하고자 한 것이 보다 근본적인 의도가 아니었을까 짐작된다.

그 의복은 색깔이 다양하고 천도 비단·명주 등으로 고급스러웠으며 대부분 모자를 착용하였다. 儀仗品目으로는 傘·扇·刀·旗·弓·斫·杖·槍 등을 휴대하여 호위하였는데, 이는 조선시대의 어가행렬에서도 비슷한 모습을 찾아 볼 수 있어서 조선시대까지 영향을 미친 것으로 보인다.

제Ⅵ장에서는 南京으로 행해진 遷都에 대해 살펴보고 그 성격에 대해 규명하고자 하였다.

恭愍王·禑王·恭讓王代에 행해진 세 차례의 南京으로의 遷都는 비록 몇 개월 후에 開京으로 還都하였지만 巡幸이 아닌 遷都가 분명하며, 遷都地는 長湍·檜巖·漢陽 등으로 모두 남경의 영역에 속한 지역이었다. 그 후 조선 초에 시행된 漢陽으로의 遷都도 결국 고려시대부터 내재되어 왔던 천도의지의 구현으로 연결하여 생각할 수 있다.

끝으로 모교에서 학문적 도움을 주신 박용운교수님, 이현희교수님, 이상선교수님, 신형식교수님, 이경식교수님, 박용옥교수님, 신채식교수님, 문기상교수님께 머리숙여 감사드린다.

또 학위논문 심사를 맡아주셨던 원영환교수님, 이존희교수님께도 깊이 감사드리며 특히 이 책을 출간하도록 용기를 주시고 격려해 주신 이상선교수님과, 보완할 곳을 자세히 제시해 주신 박종기교수님께도 감사의 마음을 전한다.

그리고 별로 수익성이 없는 책임에도 선뜻 출판해 주신 경인문화사의 한정희 사장님과 편집을 맡아 주신 김명선씨에게 깊이 감사 드린다. 또한 10년만의 폭염 속에서도 독자의 입장으로 꼼꼼히 읽고 교정을 봐준 남편 이덕희님께 깊이 감사하며 귀한 자녀 보람이와 성혁이에게도 사랑을 전한다.

차 례

제Ⅰ장 序 論 ▫ 1

1. 研究史 檢討 2
2. 研究 方向 6

제Ⅱ장 南京의 設置 ▫ 9

1. 南京의 名稱 變遷 9
2. 南京의 設置 背景 14
3. 文宗代 南京設置 30
4. 肅宗代 南京의 再建 35

제Ⅲ장 南京의 行政組織과 官員 ▫ 43

1. 行政組織 43
2. 官職 任命者 44
3. 官員들에 대한 報酬와 服務規程 59

제Ⅳ장 南京의 領域 ▫ 65

1. 文宗代 南京의 範圍 66
2. 肅宗代 南京의 範圍 75
3. 南京 所屬 郡縣 76

제Ⅴ장 高麗時代의 南京巡幸 ◦ 93

1. 高麗 以前의 巡幸 94

2. 高麗初期의 巡幸 98

3. 文宗 以後의 南京巡幸 105

4. 南京巡幸衞仗 110

제Ⅵ장 南京 遷都 ◦ 133

1. 恭愍王代의 遷都 134

2. 禑王代의 遷都 144

3. 恭讓王代의 遷都 149

제Ⅶ장 結 論 ◦ 153

參 考 文 獻 ◦ 161

[부록 1] 南京年表 ◦ 167

[부록 2] 附 錄 ◦ 175

ABSTRACT ;

　　A study of Nam Kyung in the Koryo Dynasty of Korea ◦ 195

찾 아 보 기 ◦ 201

표 차례

<표 1>　南京의 名稱 變遷 ……………………… 13

<표 2>　南京 官員 ………………………… 44

<표 3>　南京留守 歷任者 ……………………… 46

<표 4>　南京 副留守 歷任者 ………………… 53

<표 5>　司錄參軍事 歷任者 ……………… 55

<표 6>　外官祿(文宗代) ……………………… 59

<표 7>　外官祿(仁宗代) ……………………… 60

<표 8>　屬 郡 ……………………………… 78

<표 9>　屬 縣 ……………………………… 82

<표 10>　安南都護府 樹州 ……………………… 84

<표 11>　知事郡 ………………………………… 88

<표 12>　縣令官 ………………………………… 91

<표 13>　南京 設置 이전의 巡幸 ………………… 102

<표 14>　南京巡幸衛仗 ……………………… 126

<표 15>　南京巡幸回駕奉迎衛仗 ……………… 129

<표 16>　高麗後期 遷都 地域 …………………… 152

제 I 장
序　論

　본 서는 조선시대와 현재의 首都이며, 고려시대 三京 중의 하나였던 南京에 대한 총체적인 면을 분석하여 연구하고자 한다. 이 책에서는 먼저 남경의 설치와 재건에 대하여 살펴보고, 다음으로 남경의 행정조직과 관원, 남경의 지리적 위치와 영역 등을 파악하고자 한다. 그리고 이에 따른 南京으로의 巡幸·遷都 등을 분석하고, 특히 南京 巡幸衛仗에 대하여 자세히 검토하고자 한다. 그리하여 남경의 설치 원인을 규명하는 단계에만 머무르고 있는 남경에 관한 연구분야의 폭을 넓히고 다각적인 면에서 재조명하고자 한다.

　또한 남경의 설치근거에 관해서는 風水圖讖思想에 의하여 설치되었다는 설과 地政學的인 이유로 설치되었다는 설, 그리고 南京政治 勢力에 의하여 설치되었다는 설 등이 있는데 이에 관해서도 검토해 보고자 한다. 아울러 남경으로의 遷都는 恭愍王·禑王·恭讓王 등 3 代에 걸쳐 시도되다가 朝鮮 太祖 李成桂에 의해 마침내 실현되는데, 고려시대에 행해진 남경천도는 일부에서 巡幸이라는 의견이 있어 이에 대하여도 확인해 보고자 한다.

1. 硏究史 檢討

『高麗史』「地理志」에 의하면 남경의 이전 명칭인 楊州 地域은 원래 고구려의 北漢山郡이고 신라 景德王 때는 漢陽郡으로 되었다.[1] 고려 이전에 국가와 시기에 따라 남경지역에 대한 명칭이 달랐음을 알 수 있다. 이와 같은 명칭변화는 고려시대에도 여러 번 진행되었다.

우선 太祖 23년(940)에 지방행정조직이 州·府·郡·縣으로 개편되면서 國初에는 楊州라고 불렀다. 그 후 고려 成宗 2년(983)에 12牧 중의 하나인 楊州牧이 되어 牧使 등이 파견되었다가 다시 成宗 14년(995)에는 12牧이 12軍으로 개편되면서 그 중의 하나가 되어 牧使는 節度使로 바뀌었다. 이어 顯宗 3년(1012)에는 12節度使가 혁파되어 75道安撫使制로 편제되어 최고책임자는 安撫使로 고쳐지기도 하였다. 그리고 文宗 21년(1067)에는 南京이라 칭하다가 忠烈王 34년(1308)에는 漢陽府로 개칭되었다.[2]

이러한 南京에 관한 先行 연구로는 다음과 같은 성과가 있다.

① 李丙燾,『高麗時代의 硏究』, 乙酉文化社 1948 ; 亞細亞文化社, 1980.

② 閔丙河,「高麗時代의 漢陽」『鄕土서울』32, 서울特別市史編纂委員會, 1968.

③ 朴漢卨,「高麗時代의 서울地方」『서울六百年史』1, 서울特別市史編纂委員會, 1977.

④ 權純馨,「高麗 中期 南京에 대한 一考察」『鄕土서울』49, 서울

---

1)『高麗史』卷 56, 志 10 地理 1 南京留守官 楊州.
2)『高麗史』卷 77, 志 31 百官 2 南京留守官.

特別市史編纂委員會, 1990.

⑤ 羅恪淳, 「高麗時代 楊州地方의 變遷과 그 官人의 任用形態」
『鄕土서울』 53, 서울特別市史編纂委員會, 1993.

⑥ 崔惠淑, 「高麗時代 南京遷都」 『李炫熙敎授華甲記念韓國史學論
叢』, 1997.

①의 李丙燾의 글은 高麗時代를 圖讖思想에 입각해서 본 글로서,
남경설치의 배경을 風水圖讖思想에 의거한 것으로 고찰한 대표적인
연구이다. 그는 文宗代의 南京設置와 肅宗代의 南京再建이 풍수도
참사상에 의거하여 이루어졌다고 하였으며 恭讓王代의 漢陽遷都도
그와 같은 맥락에서 다루고 있다. 그리고 기록이 남아있지 않은 문
종대의 南京宮闕의 위치에 대하여는 삼각산 남쪽인 현재의 남산일
지도 모른다고 추정하였다.

②의 閔丙河는 李丙燾와 같은 입장을 취하여 風水地理思想에 입
각해서 南京의 설치동기를 찾았다. 특히 文宗과 肅宗代에 南京을 설
치하게 된 이유로 地理圖讖說에 근거를 두었다고 보았다. 그러나 忠
烈王 이후는 元에 의지한 나머지 국가기업에 대한 관념이 박약하여
져 지리도참설이 쇠해짐으로써 三京制度가 무너졌다고 보았다.

恭愍王代에는 국권회복책을 쓰면서 삼경제도를 잠시나마 부활시
키는 한편 漢陽에 대해서도 관심을 쏟게 되었다고 하였으며, 훗날
遷都의 근거를 지리도참설에 두었다. 이 연구에서는 숙종대 남경궁
궐의 위치를 현재의 昌慶宮으로 보았다.

③의 朴漢卨의 글은 세시기로 구분하여 南京의 변화된 과정, 高麗
初의 지방형세와 楊州地方의 事情, 地方官制의 개편과 楊州의 지위
를 설명하였다. 그리고 지리도참설에 따른 文宗의 南京 設置와 肅宗
의 南京 再建, 忠宣王의 官制 改革에 따른 漢陽府로의 改編과 漢陽

遷都論을 당시의 정치상황과 연결시켜 설명하고 있다.

또한 楊州가 지방행정구획상 중요한 위치로 부각된 이유에 대하여는 양주의 지리적 조건이 군사·사회·경제적으로 요충지일 뿐 아니라, 開京과의 적당한 거리로 인하여 최고 행정단위가 설치될 만한 위치였다고 논하였다. 그 후 문종 때의 남경의 설치는 지리적인 중요성을 감안한 것이라기보다는 다분히 延基觀念에 의한 것이었다고 보고 있으며, 특히 문종이 지나치게 圖讖思想에 집착한 것으로 보았다.

④의 權純馨의 논문은 文宗~仁宗代 남경의 설치 배경, 남경의 조직과 기능, 남경세력의 분포와 정치적 성격을 다루었다. 이 글은 기존의 풍수지리적 관점을 탈피하고 文宗부터 仁宗初까지를 대상으로 남경 출신 出仕者들의 분석을 통해 남경설치의 근거를 정치적인 면에서 찾고자 하였다.

⑤의 연구에서 羅恪淳은 楊州의 변천과정과 官人의 任用形態에 의거하여 초기 양주의 성격을 규명하였다.

그리고 ⑥의 글에서 필자는 高麗後期 南京으로의 遷都에 관하여 다루었으며, 남경순행시의 動員人員에 대하여 중점적으로 살펴보았다.

이상 연구결과를 살펴 본 바에 의하면 ① ② ③의 연구에서는 남경의 설치·순행·천도의 배경을 풍수도참사상에서 찾았다. ④의 경우 그와는 달리 정치적 세력에 의해 남경설치가 이루어졌다는 새로운 시각으로 본 글이다. 그리고 ⑤의 경우는 한강유역의 地政學的인 요인으로 인하여 남경이 설치되었다는 견해이다.

필자의 학위논문 발표 이후 나온 논문으로

⑦ 李相瑄,『高麗時代 寺院의 社會經濟研究』, 성신여자대학교출판부, 1998.

⑧ 金甲童, 「高麗時代의 南京」『서울학연구』18호, 서울학연구소, 2002.

⑨ 羅恪淳, 「高麗末 南京復治와 漢陽遷都」『강원사학』17·18합집, 강원대학교, 2002.

⑩ 朴宗基, 「高麗時代 南京地域의 開發과 京畿制」『서울역사박물관연구논문집』, 신서원, 2003.

등이 있다

⑦의 이상선은 공민왕대의 한양천도에 대해 다음과 같이 주장하고 있다.

보우의 한양천도론을 인종대의 서경천도론과 유사하게 보아 인종대 묘청이 천도를 주장한 서경과 공민왕대 보우가 천도를 주장한 한양은 지역만 다를 뿐이지 다같이 그들의 고향과 연결된다는 공통점을 가지고 있다고 하였다. 묘청이 개경에서 자신의 입지를 확보하기가 어려워 자신의 고향인 서경으로 천도를 주장했던 것처럼 보우 역시 그러한 의도가 있지 않았나 추측하고 있다.

이 의견은 묘청의 서경천도론과 비교한 보우의 남경천도 주장에 중점을 두고 있어 설득력이 있다.

⑧에서 김갑동은 문종이 왕권강화책의 일환으로 남경을 건설하였다고 보았다. 즉, 개경을 중심으로 하여 서경과 남경을 양 날개로 삼아 補益하고자 하여 풍수지리설을 빌어 새로운 왕권의 지지세력확보를 도모하였다고 보았다. 그러나 여의치 않다가 숙종이 李資義의 난을 겪고 난 후 왕권강화와 상업의 육성을 꾀하여 남경건설을 추진하였는데 숙종의 즉위에 공헌한 서경세력의 반대로 뜻을 이루지 못하였고, 그 후의 남경재건은 인근의 인사들을 등용하여 화합과 회유를 통해 왕권의 강화를 시도한 것으로 주장한다.

이 주장은 풍수지리설에 의해 남경을 건설하였다는 의견과 같아 보인다. 당시의 주요사상이며 사조인 풍수지리설을 문종과 숙종이 받아들인 것은 결국 왕권을 강화하고자 한 목적이 있었을 것으로 보이기 때문이다.

⑨에서 나각순은 남경으로의 천도논의가 당시의 정치구조 속에서 주도권을 다투던 정치세력 간의 갈등 과정 속에서 전개된 정치행위였다고 보고 있다.

⑩의 박종기는 양주 지역이 남경으로 승격한 것은 시지 분급과 개간을 통한 양주 지역자체의 꾸준한 개발로 인구의 집중 등 도시로서의 위상이 크게 높아졌기 때문으로 보았다. 한편 이 무렵 경기제가 확대되고 전시과제도가 완비된 사실도 남경의 경우와 마찬가지로 시지가 분급된 경기지역 일대의 사회경제적인 발전 현상의 반영으로 판단하였다.

2. 研究 方向

조선시대의 漢城府에 대한 연구는 많이 진행된 편이다. 반면에 고려시대의 남경은 오늘날까지도 수도로 이어져 오고 있는 바와 같이 역사상 큰 비중을 차지하고 있음에도 불구하고 그 연구가 미흡하다. 그나마도 몇 편의 연구는 남경의 설치에 중점을 두어 設置背景 규명에 치우친 경향이 있다.

그리하여 本考에서는 설치배경의 규명뿐만 아니라 남경의 官員, 남경의 領域, 남경으로의 巡幸과 衛仗, 遷都 등 남경에 대하여 보다 다각적인 면에서 살펴보고자 한다. 물론 자료의 부족이라는 한계성이 있으나, 남경에 대하여 단면만 다루지 않은 총괄적인 정리와 검토를 통한 연구가 필요하다고 생각하여 시도된 것으로 고려시대 삼경 중의 하나인 남경의 전반적인 면을 검토하는데 의미를 두고자 한다. 그리하여 고려시대 남경의 모습이 정리되는데 조금이라도 보탬이 되기를 바란다.

본 논문의 연구방향은 다음과 같이 정리할 수 있다.

첫째, 남경의 설치에 대하여 검토하여 보고자 한다. 이미 남경의 설치에 대하여는 앞서 살핀 바와 같이 서너편의 연구 논문이 나와 있다. 거의 風水地理說에 의해 남경이 설치되었다는 의견이고 나머지는 다른 주장을 하고 있다. 그리하여 風水圖讖思想에 의거하여 설치되었는지, 地理的인 배경때문이었는지, 혹은 다른 원인이었는지를 다시 분석, 검토하여 보겠다.

둘째, 남경의 行政組織과 그에 종사하는 官員들의 祿俸·出退勤 등에 대해 살펴봄으로써, 高麗時代의 남경 관원에 대한 예우와 그들의 위치 등에 관하여 밝히고자 한다.

셋째, 남경의 位置와 領域, 그리고 屬郡과 屬縣에 대하여 살펴보고 현재의 위치가 어디인지 확인해 보고자 한다.

넷째, 남경으로의 巡幸에 대해 살펴보고 삼국시대부터 계속되어 온 왕의 巡幸과 비교 분석함으로써 고려시대 남경으로의 巡幸의 의미를 규명하고자 한다. 그리고 南京巡幸衛仗에 대해 조사하여 그 규모와 형태 등에 대해 정리하고 고려 이후에 세워진 조선시대의 御駕行列에 미친 영향도 아울러 살펴본다.

다섯째, 조선시대에 漢陽으로의 遷都가 있기 이전에 이미 고려왕조에서 여러 번 漢陽遷都가 시도되고 있다. 그러나 몇 개월 후에 개경으로 還都하였기 때문에 순행으로 볼 수도 있으나 이에 대하여도 재분석하여 성격규명을 할 필요가 있다고 생각한다.

제Ⅱ장
南京의 設置

1. 南京의 名稱 變遷

高麗는 건국 초 행정구역을 정리할 여유가 없었으며, 太祖 23년 (941)에 와서 비로소 전국의 州·府·郡·縣의 명칭을 고쳤다. 成宗은 즉위 2년(983)에 12牧을 설치하고, 이어 11년(992)에 이르러서 다시 州·府·郡·縣과 關·驛·江·浦의 名號를 고치면서 同王 14년 (995)에 마침내 전국을 나누어 10개 道로 만들고 12개 州에 각각 節度使를 두었다.

당시 설치된 10개의 道는 關內·中原·河南·江南·嶺南·嶺東·山南·海陽·朔方·浿西道이며, 그 관하의 州·郡의 총수는 580여개였다. 顯宗은 즉위 3년(1012)에 節度使를 폐지하고 전국에 5개 都護와 75개 安撫使를 두었다가, 同王 9년(1018)에 다시 安撫使를 없애고 4개 都護와 8개 牧을 두었다. 그 후 睿宗·仁宗 때 전국을 5개 道와 兩界로 정하였는데, 楊廣·慶尙·全羅·交州·西海道와 東界·北界로, 총괄하면 京 4개, 牧 8개, 府 15개, 郡 129개, 縣 335개, 鎭 29개가 되었다.[1) 楊州, 즉 南京의 명칭과 소속도 이러한 과정 속에서 변하게 된다.

楊州가 南京으로 승격된 해는 文宗 21년(1067)이고[2] 그후 이웃 郡의 백성을 이주시켜 채웠으며 이듬해인 同王 22년(1068)에 궁궐을 건설하였다.[3] 南京이 설치됨으로써 종래의 開京과 西京을 한데 묶어 파악하는 새로운 3京制가 이루어져 행정적으로 중요한 의미를 갖게 된다. 실제로 고려에는 開京·西京·南京·東京 등 4京이 있는데, 수도인 開京을 제외한 3京은 지방행정 구획상의 지칭이고, 東京을 제외한 3京은 國王巡駐京으로서의 지칭이었다.[4]

삼경 중의 하나인 서경과 동경에 대하여 간략하게 살펴보기로 한다.

서경은 삼경 중의 하나이며 태조 1년(918) 大都護府를 설치하여 王式廉과 廣評侍郎 列評을 보내 지키게 하고, 參佐 4~5인을 두었다. 태조는 국내 豪族들의 세력을 견제하고 왕권의 안정을 꾀할 수 있는 새로운 세력기반을 구축할 필요가 있었다. 서경은 군사적으로 국내 정치상으로 필요한 지역이었던 것이다.

언제 서경으로 승격되었는지는 확실하지 않으나, 기록에 서경이라는 명칭이 처음 보이는 것은 태조 4년(921)이었다. 그리고 새로운 행정기구를 본격적으로 설치한 것은 그 이듬해였다.

그리고 서경의 행정을 총괄하는 최고관부로 廊官을 설치하고, 侍中 1인, 侍郎 2인, 郎中 2인, 上舍 1인, 史 10인을 두었으며, 그 아래 서경의 행정실무를 분담하는 기관을 마련하였다. 이와 같이 설치된 서경 행정기구는 성종 14년(995)의 관제개편 때까지 존속되었다.

그 후 서경유수관의 관제가 개편되어 知西京留守事(3품 이상) 1인, 副留守(4품 이상) 1인, 判官(6품 이상) 2인, 司錄參軍事(7품 이상) 2인, 掌書記(7품 이상) 1인, 法曹(8품 이상) 1인을 두었다.[5]

---

1) 『高麗史』 卷 56, 志 10 地理 1.
2) 『高麗史節要』 卷 5, 文宗 21年 12月.
3) 『高麗史節要』 卷 5, 文宗 22年 12月.
4) 李丙燾, 『高麗時代의 硏究』, 亞細亞文化社, 1980, 147쪽.

그 뒤 목종 1년(998) 鎬京으로 명칭을 바꾸었다가, 문종 16년(1062)에 다시 서경유수관으로 칭하였다.

숙종 7년(1102) 文武班 및 五部를 두었고, 예종 11년(1116) 分司制度를 한층 더 강화해 개경과 같게 하였으며 判官을 고쳐 少尹이라 하였다.

그러나 인종 때 서경을 기반으로 한 妙淸의 난 이후, 서경의 행정기구에 커다란 변화가 나타났다. 인종 14년(1136) 留守·監軍·分司御史臺는 모두 그대로 두되 다른 官班은 모두 없애고, 이어 인종 16년(1138) 서경의 속관으로 儀曹·兵曹·戶曹·倉曹·寶曹·工曹를 설치하였다.

명종 8년(1178)에는 서경의 행정기구를 중앙의 직접통제 아래에 두게 하였다. 부유수(정3품) 1인, 판관(5, 6품) 2인, 사족(7품) 1인, 서기(8품) 1인, 녹사 4인(2인은 서울로 올려보내는 사람), 영사 4인, 서영사 8인, 기관 16인, 서수 2인, 산사 2인, 인직 2인, 전리 25인으로 하였다. 이에 따라 서경의 독립성은 상실되고 그 지위는 하락되었다.

고종 39년(1252)에 다시 부유수 1인, 판관 1인, 사록겸 장서기 1인을 두었다. 충선왕 이후에 평양부로 고쳐 윤(종2품), 소윤(정4품), 판관(정5품), 참군(정7품)으로 하였다. 충숙왕 때는 安定道存撫使로서 평양부윤을 겸하였다.

원종 10년(1269)에는 몽고의 직접지배를 받다가 그 뒤 충렬왕 16년(1290)에 돌려 받아 다시 서경유수관으로 삼았으나 옛날의 영광과 번영을 되찾지 못하고 쇠퇴하였다. 그리하여 고려 말기는 유수관으로서의 행정적 지위마저 유지하기 어려워져 공민왕 5년(1356)에 다시 서경유수(종2품)로 고치고 소윤, 판관, 참군은 전과 같이 하였다. 동왕 11년(1362)에 다시 평양부윤(종2품)으로 고치고 나머지는 모두

---

5) 『高麗史』 卷 77, 志 31 百官 2 外職.

그대로 하였다.

공민왕 18년(1369) 萬戸府, 그 뒤 다시 平壤府로 개편되었다.[6]

東京은 태조 18년(935) 신라 경순왕이 고려에 항복하자 그의 옛 도읍지를 경주라 하였다가 大都督府로 삼았던 것을 성종 6년(987)에 동경이라 개칭하고 留守를 두었다.

성종 14년(995)에는 留守使(3품 이상)·副留守(4품 이상)·判官(6품 이상)·司錄參軍事(7품 이상)·掌書記(7품 이상)·法曹(8품 이상)·醫師(9품)·文師(9품) 각 1인씩을 두었다.[7]

이 해에 전국에 10道를 설치하면서 金州와 함께 嶺東道에 소속시켰다. 현종 3년(1012) 유수관을 폐지하고 경주방어사로 지위를 낮추었다가 同王 5년(1014)에 안동도호부로 고쳤으며, 同王 21년(1030)에는 다시 동경유수로 지위를 높였다. 이 때 銳方이 바친『三韓會土記』에 '高麗三京'이라는 글귀가 있었기 때문에 동경을 다시 설치한 것이다. 예종 11년(1116)에 判官을 고쳐 少尹이라 하였다.

희종 즉위년(1204)에 동경 사람들이 신라를 일으킨다는 구실로 재차 난을 일으키므로 동경을 경주로 격하시키고 그 관내의 속현들을 안동·상주에 나누어 예속시켰다.

고종 6년(1219)에 다시 동경유수로 복귀시켰으며, 충렬왕 30년(1304)에는 鷄林府로 개칭하였고 尹, 判官, 司錄, 法曹를 두었다.[8]

---

6) 河炫綱,「高麗西京考」『歷史學報』35·36合輯, 1967 ;「高麗西京의 行政構造」『韓國史硏究』5, 1970.
7)『高麗史』卷 77, 志 31 百官 2 外職.
8)『高麗史』卷 77, 志 31 百官 2 外職.

<표 1> 南京의 名稱 變遷

시　　기		명칭 및 변천
高　句　麗		北漢山郡(南平壤城)
百濟	近肖古王	漢　　城
	蓋鹵王　21년 (475)	漢　　城
	文周王　원년 (475)	漢　　城
新羅	眞興王　15년 (554)	北漢山城에 국경 정함
	眞興王　17년 (556)	北漢山州 창설
	景德王　14년 (755)	漢陽郡
高麗	成　宗　2년 (983)	楊州牧
	成　宗　14년 (995)	左神策軍, 關內道에 소속, 節度使
	顯　宗　3년(1012)	軍, 安撫使
	顯　宗　9년(1018)	州, 知州事
	文　宗　21년(1067)	南　　京
	文　宗　30년(1076)	楊　　州
	肅　宗　9년(1104)	南　　京
	忠烈王　34년(1308)	漢陽府(廣陵)

南京이 설치된 지역은 원래 楊廣道에 속하여 있었으나 文宗 23년 (1069)에 京畿를 확대시키는 과정에서 新京畿가 만들어지자 여기에 편입되었다. 당시 楊州의 상황을 보면

　　戶部에서 아뢰기를 '楊州管內인 見州는 고을이 설치된 지가 105년 인데 고을 백성의 田地가 여러 번 홍수와 가뭄을 겪어서 기름지고 메마름이 고르지 못하니 사신을 보내어 고르게 정하기를 청합니다' 하니 制可하였다.9)

---

9) 『高麗史節要』卷 5, 文宗 13年 2月.
　　戶部奏 楊州界內見州 治邑已百五年 州民田畝 累經水旱 膏瘠不同 請遣使均 定 制可.

라고 하여 계속되는 홍수·가뭄 등의 자연재해와 더불어 매우 곤란
한 지경에 처하여 있었음을 짐작할 수 있다. 楊州지역의 명칭변천을
그와 관련된 행정적 조치의 변화상황과 함께『高麗史』의「南京留守
官 楊州」條[10]에 의거하여 정리하면 앞의 <표 1>과 같다.

2. 南京의 設置 背景

南京의 설치배경에 대해서는 앞에서 언급한 바와 같이 크게 세 가
지 說이 있는데 차례로 살펴보겠다.

1) 風水圖讖的 背景

고려시대 남경의 풍수와 관련하여 김위제가 숙종 2년(1097)에 상
소를 올린 바 있다. 그는 일찍이 신라 말에 唐에 들어가서「秘記」를
써서 전한 道詵의 術을 배워, 남경으로 환도하기를 청하며 써서 올
린 上書에서

---

10)『高麗史』卷 56, 志 10 地理 1 楊廣道 南京留守官 楊州.
　　南京留守官 楊州本高句麗北漢山郡 百濟近肖古王取之 二十五年自南漢山徙
　　都之 至蓋鹵王二十年 高句麗慈悲王來圍漢城 蓋鹵出走爲麗兵所害 是歲予
　　文周王移都熊津 後新羅眞興王十五年至北漢山城 定封疆 十七年創北漢山州
　　置軍主 景德王十四年 改爲漢陽郡 高麗初又改爲楊州 成宗十四年初定十道
　　置十二州節度使 號左神策軍 與海州 爲左右二輔屬關內道 顯宗三年廢二輔
　　十二節度 改安撫使 九年降知州事 文宗二十一年 陞爲南京留守官 徙旁郡民
　　實之 肅宗元年衛尉丞同正金謂磾據道詵密記 請遷都南京云 楊州有木覓壤可
　　立都城 日者文象從而和之 四年秋 王親幸相之 命平章事崔思諏知奏事尹瓘
　　董其役 五年而成王遂親幸觀之 忠烈王三十四年改爲漢陽府 別號廣陵 有三
　　角山漢江楊津 屬郡三縣六領 都護府一知事 郡二縣令官一.

「道詵記」에 이르되 고려의 땅에 三京이 있으니 (중략) 개국 후 160여년에 木覓壤에 도읍한다고 하였으니 臣은 이 때가 정히 새 서울에 순주할 때라고 생각하나이다.[11]

라고 하였다. 이 내용을 통해서 알 수 있듯이 남경의 자연지리는 좋은 조건을 갖추고 있을 뿐만 아니라 풍수지리적인 관점에서도 도읍지로서의 좋은 조건을 갖추고 있었다고 하겠다. 이 장에서는 南京이 風水圖讖思想의 영향으로 인하여 설치되었다고 주장하는 내용에 대하여 검토하여 보고자 한다.

(1) 風水地理說의 槪要

南京設置의 가장 큰 동기로 꼽고 있는 風水圖讖思想이란 風水地理說과 圖讖思想이 합쳐진 것이다. 풍수지리설은 땅에도 생명력이 있어 죽은 자와 산자에게 영향을 미친다고 믿는 학설로, 현재까지 우리 민족에게 깊은 영향을 미치고 있고 특히 亂世에는 더욱 부각되는 경향이 있다.

高麗 仁宗 때 우리나라에 왔던 宋의 徐兢은 『高麗圖經』에서 高麗의 風水思想에 대하여 언급하기를

高麗는 본디 글을 알아 도리에 밝으나 음양설에 구애되어 꺼리기 때문에 그들이 나라를 세움에는 반드시 그 형세를 관찰하여 장구한 계책을 할 수 있는 곳이라고 확신한 연 후에 자리를 잡는다.[12]

라고 하여 고려인들은 風水圖讖思想의 영향을 많이 받아서 나라를

---

11)『高麗史』卷 122, 列傳 35 金謂磾傳.
12)『高麗圖經』卷 3, 城邑 形勢.
　　高麗素知書 明道理 拘忌陰陽之說故基建國 必相其形勢 可爲長久計者 然後宅之.

세울 때는 반드시 풍수지리를 살폈음을 알 수 있다.

최병헌에 의하면 원래 중국에서 성립된 음양오행설에 의거한 풍수지리설이 수입되기 전에 우리나라에도 고유의 전통적인 지리관념이 있었다. 하나는 부족이 이동하여 와서 정착지를 찾거나 國都를 정할 때 경제·군사적으로 좋은 조건을 갖춘 지역을 선택하던 지리적 기준이었다. 다른 하나는 각 부족국가마다 그 영역 내에 일정한 지역을 특별히 신성시하는 전통관념이었으며, 또 하나는 원시시대부터 널리 믿어져 온 山川崇拜思想이다.[13]

風水地理說의 본질은 都邑·宮宅·陵墓에 알맞은 땅을 점치고 山水의 형세를 살펴서, 그 신비한 설명을 붙여 인간에 미치는 吉凶과 禍福을 설명하는 것이다. 이 사상은 新羅末 豪族들의 대두와 함께 널리 전파되었으며 山勢와 水勢를 살펴 都邑·住宅·陵墓 등을 선정하는 일종의 相地學이라 할 수 있다.[14]

地理에는 衰旺·順逆이 있는데 旺處·順處, 즉 明堂을 택하여 陽基나 陰宅을 잡으면 국가나 개인이 행복을 누릴 수 있는 반면 衰處·逆處의 경우는 불행을 가져다 준다는 것이 주된 내용이다. 풍수가들은 그와 같은 명당을 藏風得水의 땅, 곧 산세가 바람을 모으고 그 앞에 물이 흐르고 있는 것을 말하고 그와 반대인 衰處·逆處인 경우에는 寺塔 등을 세워 재앙을 막아야 한다는 裨補寺塔說을 주장하였다.[15]

풍수지리설의 폐해에 대해서는 여러 사람이 주장한 바 있는데 특히 文一平은 조선일보에 장기간 연재한 「史外異聞」에서 풍수지리설의 미신이 주자학의 중독보다도 한국인에게 한층 더 심각한 해독이

---

13) 崔柄憲, 「道詵의 生涯와 羅末麗初의 風水地理說」 『韓國史硏究』 11, 1975, 126쪽.
14) 李丙燾, 앞의 책, 21쪽.
15) 崔柄憲, 위의 글, 135쪽.

되었다고 개탄한 적이 있다.[16)

이와 같이 우리민족은 예로부터 토지에 강하게 집착하였고 토지 숭배사상도 가지고 있었다. 여기에 부합한 풍수지리설은 미신적인 요소가 있어 한국인에게 많은 폐해가 되었다.

(2) 風水地理說의 影響

신라 元聖王과 그 이전에 風水를 중히 여긴 사실을 엿볼 수 있으므로 風水地理說의 전래가 결코 道詵에 의해 전래된 것은 아니나[17) 南京의 설치와 천도 등이 그에 의해 주장되고 있으므로 도선[18)에 대해 간략하게 살펴보겠다.

도선은 新羅 興德王 2년(827)부터 孝恭王 2년(898)까지 생존한 인물이다. 속세의 성은 金씨이며 靈岩출신이다.[19) 新羅末에 풍수설을 크게 宣揚하였고 풍수에 깊은 이해가 있어 전국을 다니며 산수의 衰旺과 順逆을 점쳤다. 도선이 풍수지리설의 宗祖로 尊崇받았던 이유는 신라의 종말과 개경에서의 王建의 革命을 예언하였기 때문이다. 도선

---

16) 文一平,「風水說의 迷信」『湖岩全集』卷 3, 1939, 71~72쪽.
　　그 외의 풍수지리설에 대한 연구는 다음과 같다.
　　李龍範,「風水地理說」『한국사』6, 국사편찬위원회, 1975.
　　崔柄憲,「道詵의 生涯와 羅末麗初의 風水地理說」『한국사연구』11, 1975.
　　崔柄憲,「高麗建國과 風水地理說」『韓國史論』18, 국사편찬위원회, 1988.
　　金杜珍,「羅末麗初 桐裏山門의 成立과 그 思想」『東方學志』57, 연세대 국학연구원, 1988.
　　李基白 編,『韓國史市民講座』14, 일조각, 1995.
17) 李丙燾, 앞의 책, 29쪽.
18) 도선에 관하여는 다음과 같은 논문이 있다.
　　今西龍,「新羅僧 道詵에 관하여」『東方學報』2-2, 1912 ;『高麗史研究』, 國書刊行會, 1970.
　　徐閏吉,「道詵과 그의 裨補思想」『韓國佛教學』1, 1975.
19) 崔柄憲,「道詵의 生涯와 羅末麗初의 風水地理說」『韓國史研究』11, 1975, 108쪽.

의 풍수지리설은 唐의 密敎僧인 一行의 영향을 받았다고 하는데, 일행은 당 초기의 인물이며 도선의 생몰년은 당 말기에 해당하므로 연대에 모순이 있고 도선이 唐에 유학하였다는 것도 신빙성이 없다.

도선과 그의 풍수지리설이 후대로 내려 올수록 신빙성을 띠고 일반에게 더 깊이 파고 들어가게 된 것은, 도참사상과 결부되어 불안한 세태를 극복하는 秘術로 믿어지게 되었던 까닭이다.

도선은 특히 高麗 太祖에 의해서 유명해지기 시작하였는데 그가 憲康王 1년(875)에 '지금부터 2년 뒤에 반드시 고귀한 사람이 태어날 것이다'[20]라고 한 예언대로 松岳에서 太祖가 태어났다고 한다. 그 후 太祖는 訓要十條의 제2조·제5조 등에서 도선의 말을 추종하고 있는 증거를 보여주고 있는데 차례로 살펴보겠다.

2조에 이르기를 모든 寺院은 모두 도선이 山水의 順하고 背逆한 것을 推占하여 開創한 것이다. 도선이 말하기를, '내가 推占하여 정한 외에 함부로 더 창건하면 地德을 損傷시켜 王業이 장구하지 못할 것이다' 라고 했으니, 짐은 생각하건대 뒷 세상의 國王·公侯·后妃·朝臣들이 각기 願堂이라 일컬으면서 혹 더 창건한다면 크게 근심되는 바이다. 신라의 말기에 寺塔을 다투어 짓더니 地德을 損傷시켜 망하기까지 되었으니 경계하지 않으랴. (하략)

5조에 이르기를 짐이 三韓 산천의 지리의 도움을 힘입어 大業을 성취하였다. 西京은 水德이 순조로워 우리나라 地脈의 근본이 되니 마땅히 四時의 '仲月'에는 행차하여 백 날이 넘도록 머물러 나라의 安寧을 이루도록 하라. (중략) 十訓要의 끝마다 모두 속 맘에 이를 간직하라는 '中心藏之'를 붙였고 제 글자로 끝맺었다. 이로부터 왕위를 이은 왕들은 서로 전하여 보배로 삼았다.[21]

---

20) 『高麗史節要』 卷 1, 太祖 元年.
21) 『高麗史』 卷 2, 世家 2 太祖 26年 4月.
　　二日 諸寺院 皆道詵推占 山水順逆而開創 道詵云 吾所占定外妄加創造則 損薄地德 祚業不求 朕念後世國王公候后妃朝臣 各稱願堂 或增創造則 大可

이와 같이 2조에서는 도선이 산천의 지세를 점쳐서 결정한 자리에 세워진 절이나 탑을 裨補寺塔이라 하고 추종하게 하였다. 또한 5조에서는 풍수지리설로서 西京을 강조하고 도선의 사상을 깊이 추종하고 있다.

풍수지리설에 큰 변화를 가져오게 한 것은 圖讖思想인데 한국과 중국에 큰 영향을 미쳤다. 원래 圖讖이라고 하는 것은 신의 말씀, 하느님의 가르침, 瑞異같은 것으로서, 장래에 닥쳐올 길흉화복을 예언·약속하는 신비적이며 미신적인 것을 말하는 것으로, 統一新羅 末에 성행하여 풍수지리설과 서로 혼합되는 형세를 보인다. 인문지리 또는 지정학 및 전쟁에 있어서의 효과적인 地勢利用을 占星的 천문학이나 음양설로서 합리화하였던 풍수지리설은 도참설이 성행됨에 따라 그 신비적인 해석과 숙명론적인 예고의 방식을 끌어 들여서 설득력을 더하게 되었다.

風水圖讖思想은 다른시대에도 많은 영향을 미쳤지만 고려시대에 가장 큰 영향을 끼쳤다. 특히 지리도참설의 영향과 관련된 예로는 문종대 예성강변 餠岳의 長源亭을 비롯하여 離宮과 西京의 左宮·右宮의 創建 등이 있다. 이들은 모두 地氣의 변화에 대응하여 국가의 터전을 굳힌다는 延基思想에 그 배경을 두고 있다.

李重煥의 『擇里志』에는

옛날 승려 道詵의 「留記」에 '왕위를 이을 자는 李氏이고 漢陽에 都邑할 것이다' 라고 적혀 있기 때문에 고려 중엽에 尹瓘으로 하여 금 白岳의 남쪽에 터를 보게 하여 오얏나무를 심어 놓고 그것이 무

憂也. 新羅之末 競造浮屠 衰損地德 以低於亡 可不戒哉(中略) 五曰 朕賴三韓山川陰佑以成大業 西京水德調順 爲我國地脉之根本 大業萬代之地 宜當四仲巡 駐留過百日 以致安寧(中略) 十訓之終 皆結中心藏之 四字嗣王 相傳爲寶.

성하게 자라면 곧 베어 버려서 기운이 승하는 것을 눌렀다. 我朝가 受禪할 때 중 無學으로 하여금 도읍할 곳을 정하도록 하였다. 무학은 白雲臺로부터 맥을 밟아 萬京에 이르러 서남방향으로 가 碑峰에 이르니 한 石碑가 있었는데 '無學誤尋到此'라는 여섯 글자가 큰 글씨로 새겨져 있었다. 그것은 도선이 세운 것이다. 무학이 이를 보고 길을 바꾸어 萬景의 正南脈을 따라 바로 백악 아래에 이르러 세 산맥이 하나의 들에서 모인 것을 보고 드디어 궁성의 터로 정했는데 이곳이 바로 고려 때 오얏을 심었던 곳이다.22)

라고 하였다. 고려왕조가 風水圖讖思想을 깊이 신봉하고 예견된 不運에는 미리 대비하고 있음을 보여준다. 漢陽에 李氏가 都邑한다는 것 때문에 高麗는 南京 지역에 오얏나무를 심고 李姓을 골라 漢陽尹으로 삼았으며 국왕도 일년에 한 번씩 순행하여 龍鳳帳을 묻어 제압했다. 이는 고려말기에 유행한 것이나 李氏 이외의 사람으로 高麗 南京의 留守가 된 자가 기록에 많이 나온다. 李丙燾는 이에 대해 그 허구성을 지적하였다.23) 이를 검토하기 위하여 南京留守를 지낸 사람을 정리해 본 결과 대략 21명의 명단을 뽑을 수 있었는데 단 2명만이 이씨이고 나머지는 다른 성이었다.24) 그러므로 이씨로 남경유수를 삼았다는 것은 맞지 않음을 알 수 있다.

풍수도참사상이 남경 건설에 많은 영향을 끼쳤으나 그 모순점은 익히 알고 있다. 그러나 당시 고려인들에게 깊은 영향을 끼쳤음도 간과할 수 없다.

---

22) 李重煥,『擇里志』, 八道總論 京畿道 漢陽府.
　　昔羅僧道詵『留記』以爲 繼王者李 而都於漢陽 高麗中葉 使尹瓘 相地於白岳之南 仍種李 及繁茂 輒芟伐之 以壓勝. 及我朝受禪 使僧無學 定都邑之理. 無學 自白雲臺 尋脈到萬景 西南行至碑峯 見一石碑大刻 有 無學誤尋到此 六字. 卽道詵所立也. 無學遂改路 從萬景正南脈. 直到白岳下 見三脈合爲一坪 遂定宮城之兆 卽麗時種李處也.
23) 李丙燾, 앞의 책, 381~382쪽.
24) 이에 관해서는 본문 <표 3> '南京留守歷任者' 참조.

2) 地理的 背景

風水圖讖思想과 함께 南京을 건설하는데 있어서 지리적인 배경도 크게 작용하였을 것으로 생각된다. 楊州지역은 한강을 접하고 있어 수로를 이용한 漕運에 유리한 지역이었다. 한강은 한반도 중부의 하천으로서[25] 비교적 쾌적한 조건을 구비하였다.

하류의 충적평야지대에는 일찍이 농경생활이 이루어져 왔다. 그리고 특히 이 유역은 산과 들, 바다가 한데 어우러져 지역적인 공감대를 형성하며, 남북이 교차하는 한반도의 주요한 위치였기 때문에 항상 남북세력이 충돌하거나 완충하는 지대가 되었던 것이다.

강원도 금강산에서 발원한 북한강과 강원도 오대산에서 발원한 남한강이 양수리에서 합류하여, 서북방으로 흘러서 강화만으로 유입되며, 그 유역에는 많은 도시가 형성되어 있다. 한반도의 동쪽에서 시작하여 수도지역의 동·서·남쪽을 에워싸며 흘러서 황해의 강화만으로 유입되는 천연 요새가 되었고, 전국으로 통하는 중요한 수운교통로가 되었다.[26]

한강유역은 선사시대 이래로 문화적으로 중요한 위치를 차지하고 있으며, 구석기시대의 많은 유물이 발굴되었다. 물은 인류에게 매우 중요한 요소이기 때문에 항상 인류문명의 발생지는 물가였다.

또한 이 지역은 청동기시대 이래로 남방 농경문화사회와 북방 문화사회가 만나는 지점이었고, 지리적 조건으로 말미암아 두 문화가

---

25) 서울特別市史編纂委員會, 『漢江史』, 1985, 29쪽.
   한강의 유역면적은 26,219㎢이고 길이는 514㎞이다. 연평균 강수량은 1,200 ㎜이며 이 유역은 한반도의 중앙부인 북위 37~38도선에 위치하고, 연평균 기온은 11.1°C이다.
26) 元永煥, 「漢城府와 漢江」『鄕土서울』44호, 서울特別市史編纂委員會, 1987, 155쪽.

융합되어 새로운 문화를 잉태할 수 있는 잠재력도 지니고 있었다. 우리 민족이 한반도를 중심으로 발전을 하게 된 데에는, 한강을 비롯한 서·남한 여러 강유역의 천혜의 조건이 큰 역할을 담당하였던 것이다.

고대 북문화권에서 남문화권으로 넘어오는 사람들이 가장 많이 정착하는 곳이 강과 평야가 있는 한강 남북유역이 된 것은 당연한 일이었고, 이곳이 백제의 최초 근거지가 된 것도 그러한 배경에서 비롯된 것이라고 할 수 있다. 더욱이 백제는 이 지역의 보존 확보가 곧 성장과정이었으며, 모든 정책이 이 지역과의 관련속에서 이루어졌다. 勸農策·徙民策·巡幸을 통한 생산력 증대의 독려와 築城·設柵·關防 등의 사업은 한강유역이 가지는 정치·군사적 위치를 보존하려는 의도에서였다. 백제의 한강유역 수호와 보존에 대한 지나친 국력소모는 결국 이 지역의 상실과 함께 국가쇠퇴로 이어졌다.27) 한강유역은 백제의 초기 수도라는 것 이외에도 삼국간의 쟁탈지 내지는 삼국통일의 완수를 위한 거점이었다.

또한 남북 문화권의 경계지, 중국문화의 접촉지, 그리고 새로운 문화개발의 전초지가 되었다. 신라가 삼국을 통일한 이후에도 이 지역의 중요성은 크게 인식되어, 다른 주와는 달리 漢山州에만 骨乃斤(呂州)·南川(利川) 등 2停을 두었고, 5州誓 중 漢山州誓, 牛首州誓(春州)를 두었다.

삼국통일 이후에 군사적인 중요성은 감소하였으나 문화·외교적으로는 후삼국 분열 후 고려에 의해 재통일되는 과정에서 다시 그 중요성이 대두되고 있다.

이상에서와 같이 한반도에서 한강유역의 위치가 차지하는 비중은 매우 큰 것이었다.

---

27) 『三國史記』 卷 25, 百濟本紀 3 蓋鹵王 21年 9月.

　한강을 끼고 있는 南京은 朝鮮의 太祖 李成桂가 漢陽을 도읍지로 정할 때 左政丞 趙俊과 右政丞 金士衡이 '한양은 안과 밖으로 산과 하천이 겹겹이 둘러 싸여서 그 형세의 우수함은 옛날부터 칭송되어 왔으며, 동·서·남·북 4방으로 거리가 균등하고 水陸交通이 편리한 곳이니 이곳을 수도로 정하여 후세에 영원히 전하는 것은 하늘의 뜻입니다' 라고 하여 한성의 자연환경은 도읍지로서 적당하다고 하였고 무학도 그 의견에 동의하였다.[28)]

　漢城을 도읍지로 정할 때 李成桂가 '漕運이 통하지 않으면 도읍지가 될 수 없다'고 한 바와 같이 도읍지의 입지적 조건으로 교통기능이 매우 중시되었고 또한 대다수 전근대 국가에서는 수상교통이 매우 중요한 역할을 하였다. 더욱이 평야가 적고 험준한 산과 강이 많은 우리나라에서는 수운교통을 매우 중요하게 여겼다.

　李重煥은 『擇里志』에서 '우리나라는 산이 많고 평야가 적어 육지의 교통이 불편하여 상인들은 물건을 모두 말에 싣고 다니는 데 말보다는 수레가 낫고 수레보다는 배가 낫다'고 하였다. 즉, 험준한 산때문에 우리나라에서는 도로가 발달하지 못하여 육로 교통수단으로는 수레를 이용할 수 없었다. 그리하여 소량의 물품은 등짐이나 말을 이용하여 운반하였으나 대량의 물품은 배를 이용하여 수로로 운송할 수 밖에 없었던 것이다. 그 예로 조선왕조는 수십만석의 稅穀과 왕실·조정·한성부민이 필요로 하는 물품의 대부분을 한강을 이용하여 한성으로 운반하였고, 또 각 지방민이 필요한 물품도 대부분 한강을 이용하여 수송하였다.

　아울러 한강유역의 지리적 중요성이 정치적으로 연결되어 국가의 흥망성쇠를 좌우하기도 하였다. 또한 이 유역은 지리적으로 서해를 통하여 일찍부터 중국문물을 접할 수 있었기 때문에 선진문화에 대

---

28) 『朝鮮王朝實錄』 太祖實錄 卷 6, 太祖 3年 8月 辛卯·庚辰.

한 이해와 수용이 잘되어 문화적으로도 발전하였다. 이 곳의 풍부한 생산력과 인적자원은 정치적 발전과 더불어 농경문화의 융성을 예고하였다. 이러한 문화적 잠재력은 한강유역의 중요성을 더욱 부각시키는 요건이 되었다.

그리고 용산·마포·서강 일대는 조선시대는 물론 고려시대부터 경치가 좋은 곳으로 유명하였다. 한강 본류 중 남쪽으로 한줄기가 휘돌아가고, 한줄기는 북쪽 언덕 아래로 들어와서 10리나 되는 큰 호수를 이루었고, 호수에는 연꽃이 만발하여 일대 경관을 이루어 玩賞客이 많았으며, 고려의 忠肅王도 왕후와 함께 行宮을 짓고 머물렀다고 기록이 전하고 있다.[29]

이와 같이 南京의 영역에 속하였던 지역은 삶에 적합한 자연조건을 이루고 있다.

남경지역에는 三角山과 南山이 있다. 南山은 조선 초에 한양으로 도읍이 옮겨지기 전에는 그리 잘 알려져 있지 않았다. 암석이 층계를 이루고 여기저기에 계곡이 깊고 그윽하였지만, 14세기 이전에는 작고 평범한 산에 지나지 않았다. 그러한 남산이 처음으로 조명된 것은 풍수지리학자들에 의해서였다.

남산은 引慶山이라고도 하는데 평양에 있는 木覓山의 이름을 따서 부른 것이고 남산은 속칭이다. 남쪽에는 한강 물이 띠같이 흐르고 천인층벽은 蠶頭峯을 이루고 있고 북쪽으로는 靑鶴洞이 있었다.[30] 명당의 조건으로서 남산은 빼놓을 수 없는 입지였다.[31]

---

29) 『高麗史』 卷 35, 忠肅王 12年 8月 壬辰.
   王與公主幸漢陽 張亶毛幕於富原龍山.
30) 『大東地誌』, 漢城府 山水.
   引慶山一云木覓山 高句麗時移平壤所在木覓之號 俗稱南山 帶漢水有千仞層壁起爲蠶頭峯北舊有靑鶴洞.
31) 崔完基, 『朝鮮時代 서울의 經濟生活』, 서울學研究所, 1994, 67~68쪽.

다음으로 삼각산에 대하여 李重煥은 다음과 같이 언급하고 있다.

  三角山은 동남쪽 100리 밖에서 푸른 하늘에 솟았는데 앞쪽이 평평
하고도 좋다. 서북쪽은 높이 막혔고 동남쪽은 멀리 틔였으니 이곳이
천연의 요새이면서도 명당이다. 다만 부족한 점은 넓고 기름진 들판
이 없다는 점이다. 삼각산은 도봉산과 잇달아 얽혀 있는 산세이다.
돌봉우리가 아주 맑고도 빼어나서 만줄기 불꽃이 하늘에 오르는 것
같고 특별하게 이상한 기운이 있어서 그림으로 그려내기가 어렵다.
다만 보필해 주는 산이 없고 또 골이 적다. (중략) 성안에 있는 백악
산과 인왕산은 바위의 형세가 사람을 두렵게 하니 살기를 벗은 송악
산보다 못하다. 다만 믿음직스러운 것은 남산 한가지가 강을 거슬러
서 판국을 만들었다는 점이다. 內水口가 낮고 허하며 앞쪽으로 관악
산이 강을 사이에 두고 있지만 또한 너무 가깝다. 비록 화성이 앞을
비치고 있지만 堪輿家는 정남향으로 위치를 잡는 것이 좋지 않다고
한다. 그러나 판국안이 명랑하고 정숙하며 흙 빛이 깨끗하고 단단하
여 비록 밥을 길에 떨어뜨렸다고 하더라도 다시 주워 먹을 수 있을
것 같다. 그러므로 한양의 인사가 막히지 않고 명랑한 점은 많지만
웅걸한 기상이 없는 것이 한이다.[32]

  이와 같이 한강과 삼각산·남산 등이 위치한 남경지역은 漕運이
나 기후·위치 등으로 좋은 조건을 갖추었으며 왕의 순행과 유람지
로서도 적당하였을 것으로 짐작된다.

---

32) 李重煥, 『擇里志』, 卜居總論 山水.
   漢陽三角 爲巽山 在百里外 秀入靑天 而前面平善 西北高障 東南敞遠 玆爲
   天府名墟 但所乏者 沃野千里耳 三角 卽道峯·三角 連紆爲勢. 石峯極意淸
   秀 如萬火朝天 別有異氣 畵亦難狀 但山無輔弼 而亦少洞府耳. (中略) 城內
   白岳·仁王 石勢使人可畏 不及松岳之脫殺 所恃者 只南山一枝 逆江作局耳
   內水口低虛 前面冠岳 雖隔江 亦太近 雖火星朝拱 堪輿家 每以午地方位爲不
   吉 然局內明朗森肅 土色淨潔堅白 雖墮飯於道 似可拾食 故漢陽人士 多疏通
   明穎 而恨無雄氣.

3) 政治的 背景

南京은 정치세력에 의해 설치되었다고 보는 견해도 있다. 왕권강
화를 위해 새로운 세력 및 근거지를 요구한 문종과 그에 부응한 남
경출신세력에 의해 설치되었다는 것이다. 문종 이후에 일시 폐지된
이유도 남경출신 세력들이 문종 후반 이후 지속되지 못한 반면 仁州
李氏는 지나치게 강성해지기 때문이라고 보았다. 따라서 새로운 세
력근거지로 남경을 키우겠다던 왕의 의도는 수정을 요하게 되었고,
東·西京 출신들의 반대도 있었기 때문에 폐지된 것이라고 하였
다.33) 숙종은 仁州李氏의 독주를 막고 서경세력의 확대를 막기 위하
여 남경설치를 강행하였다고 하였다.

기존의 風水圖讖思想의 영향으로 남경이 설치되었다는 주장과는
다른 방향으로 쓰여진 글로, 새로운 시각으로 남경을 보았다는 점에
서 주목된다. 그러나 仁州도 남경의 領縣이었던 점으로 보아 仁州李
氏의 세력이 강대해지고 남경세력이 약화되어 그로 인해 남경이 폐
지되었다는 것은 의문스럽다. 앞으로 좀 더 많은 검토가 필요하리라
고 본다.

서론에서 언급한 바와 같이 1999년에 필자의 박사학위논문이 발표
된 이후 남경에 대해 여러 편의 논문이 발표되었는데 이에 대해 대략
살펴보기로 한다.

김갑동34)은 문종이 왕권강화책의 일환으로 남경을 건설하였다고
보았다. 개경을 중심으로 하여 서경과 남경을 양 날개로 삼아 補益
하고자 하였으며 풍수지리설을 빌어 새로운 왕권의 지지세력을 확
보하고자 하였다고 하였다. 그러나 여의치 않다가 숙종이 李資義의

---

33) 權純馨, 앞의 글, 47쪽.
34) 金甲童, 「高麗時代의 南京」『서울학연구』 18호, 서울학연구소, 2002.

난을 겪고 난 후 왕권강화와 상업의 육성을 꾀하여 남경건설을 추진하였는데 숙종의 즉위에 공헌한 서경세력의 반대로 뜻을 이루지 못하였다가 그 후의 남경재건은 인근의 인사들을 등용하고 화합과 회유를 통해 왕권의 강화를 시도한 것이라고 하였다.

그러나 이 주장은 풍수지리설에 의해 남경을 건설하였다는 의견과 크게 다르지 않다. 당시의 주요사상이며 사조인 풍수지리설을 문종과 숙종이 받아들인 것은 결국 왕권을 강화하고자 한 목적이 있었을 것이기 때문이다.

나각순[35]은 우왕 8년 9월에서 9년 2월 사이에 행해진 한양천도와 개경환도의 과정은 남경으로 칭함은 없었지만, 실질적으로는 한양부로서 남경의 구실을 하였던 것으로 보았다. 공양왕 2년 9월에서 3년 2월까지 행해진 한양으로의 천도와 남경으로부터 개경으로의 환도는, 기록상으로나마 남경으로서의 지위회복이었다고 하였다.

공민왕·우왕·공양왕 등 3대에 걸친 한양천도 논의는 불교계·서운관의 술사들의 건의와 비록에 나타난 참위설을 믿는 왕의 명령으로 시작되었으나 한결같이 유신들과 권신들의 반대에 부딪혔고 따라서 한양천도의 논의진행과 相地, 궁궐·성의 수리 및 중단을 반복하였으며, 이에 천도의 정당성을 확보하지 못하고 실행을 하지 못하거나 일시적인 천도가 이루어져 순행과 대비되는 등 도읍지로서의 위상을 확고하게 얻지 못하였다고 하였다.

이러한 한양천도를 둘러싼 정치적 갈등은 성리학을 정치이념으로 한 신진사대부 세력과 불교계·서운관 등 풍수도참사상의 외호를 받고자 한 왕권과의 정치적 대립현상이라고 보았다. 신진사대부들은 민생안정을 위해 경세학적인 효율성을 바탕으로 국정개혁이 이루어지기를 갈망하며 인문지리적 합리성을 주장하였다고 하며, 반

---

35) 羅恪淳, 「高麗末 南京復治와 漢陽遷都」『강원사학』17·18 합집, 2002.

면 고려 말의 왕들은 국기연장을 위한 자연비보와 지리도참의 힘을
빌리고자 하였다고 하였다.

한양천도와 개경환도의 문제는 왕권을 중심으로 한 보수적 위정
집단과 신진개혁세력 간의 주도권 쟁탈의 일면을 보여주는 것이라
고 하였다. 고려 말의 남경복치와 한양부체제로의 번복 그리고 한양
천도를 둘러싼 왕권과 신권의 대립, 풍수도참사상으로 표현되는 보
수적 입장과 성리학으로 표현되는 개혁세력 간의 주도권 다툼 등은
개혁세력에 의한 조선왕조의 건국과 한양천도를 통한 한양부 설치
로 매듭지어진 것으로 보았다.

이와 같이 남경 복치와 한양천도의 논의진행 및 실행은 단순히 풍
수지리설에 의한 일시적인 국기연장을 도모하는 성격을 반영하는
것만은 아니었으며, 당시의 복잡한 정치구조 속에서 그 주도권을 다
투던 정치세력 간의 갈등과정 속에서 전개된 정치행위였다고 하고,
따라서 한양의 도읍지로서의 경영은 그 인문지리적 배경을 바탕으
로 고려말의 역사적 경험이 결합된 결과 지정학적으로 그 중요성이
인정된 것이라 하였다. 이는 기존에 발표되었던 의견36)과 크게 다르
지 않다.

박종기37)는 기존의 견해와 달리 당시 남경건설은 고려초기 이래
이 지역이 꾸준히 개발되어 수도 개경에 버금갈 정도로 도시로서의
위상이 크게 높아진 남경 자체의 지역개발을 통한 성장이라는 내재
적인 발전과정에서 그 원인을 찾았다. 이를 위해 고려 전시과 체제
의 일부인 시지 분급과 문종 23년과 공양왕 2년의 경기제 확대에 주
목하였다. 양주지역이 남경으로 승격한 사실이나 두 차례에 걸친 경

---

36) 羅恪淳,「高麗時代 楊州地方의 變遷과 그 官人의 任用形態」『鄕土서울』53,
   서울特別市史編纂委員會, 1993.
37) 朴宗基, 「高麗時代 南京地域의 開發과 京畿制」『서울역사박물관연구논문
   집』, 신서원, 2003.

기지역 확대가 모두 시지분급지역을 기초로 하고 있다는 사실은 분급된 시지가 개간되고 그를 통해 지역개발이 크게 이루어진 사실을 뒷받침하는 증거로 보았다.

양주지역이 남경으로 승격한 원인을 시지 분급과 남경지역의 개발문제와 관련시켜 접근하는 이유는 바로 여기에 있다고 하였다. 특히 이 글은 그동안 사실로서 부정되어 왔던 문종 23년 경기제 시행의 문제를 재검토하고자 하였다. 이를 통해 고려 초기 이래 남경지역이 꾸준히 개발되어 왔던 자체내의 내재적인 발전과정에서 양주지역이 승격하게 된 보다 근본적인 원인을 찾고자 하였다.

그런데 이 주장에 의하면 몇 가지 궁금증이 생긴다. 문종 23년에 경기제가 실시된 것이 남경설치의 원인이라고 보고 있으나 남경 설치는 문종 21년에 이루어졌고 남경궁궐은 동왕 22년에 건설되었다. 그리고 문종대에 다시 남경이 폐지되고 숙종대에 재건되는 것에 대해 어떻게 설명할 것인지 궁금해 진다.

또한 남경 설치원인이 시지를 주기에 개경과 가까운 지역이기 때문이라고 본다면, 개경으로부터 멀리 떨어져 있는 동경의 설치는 어떻게 설명될 수 있을까 궁금해진다.

그 외 남경설치가 옛 삼국시대의 수도였던 서경, 동경, 남경지역을 대도시로 재건하려는 데 목적을 둔 것이라는 의견[38]도 있다. 이는 김상기의 의견[39]도 그러한데 일리가 있어 보인다.

---

38) 韓永愚, 『다시 찾는 우리 역사』, 경세원, 2004, 199쪽.
39) 金庠基, 『高麗時代史』, 東國文化史, 1961, 153쪽.

3. 文宗代 南京設置

1) 文宗의 思想的 性向

文宗代에 南京을 설치한 동기를 살펴보기 위하여는 문종의 종교·사상적 성향을 살펴 볼 필요가 있다. 문종은 고려 제11대 왕으로서 1046년부터 1082년까지 在位하였다. 문종조의 기사를 살펴보면 유난히 절의 축조나 절에 순행한[40] 기록이 많이 나오며, 문종 21년(1067)에는 왕이 乾德殿에서 菩薩戒를 받기도 하였다.[41]

물론 고려가 佛敎를 숭상하는 국가이기는 하였으나 문종은 불심이 매우 강했던 것으로 보인다. 그는 승려 1만~3만명에게 음식을 먹이는 飯僧行事를 자주 가졌으며[42] 수시로 절에 행차하고 있다. 특히 同王 10년에는 德水縣에 興王寺 건축공사를 시작하여[43] 12년 만인 왕 21년에 완공하였는데, 당시의 기사 내용을 보면 다음과 같다.

興王寺에서 5주야에 걸친 연등대회를 특별히 열고 정부의 모든 관리들과 安西都護府·開城府·廣州·水州·楊州·東州·樹州 등 5개 州와 江華·長湍 등 두 현들에 명령하여 대궐 뜰에서부터 흥왕사 문간에 이르기까지의 사이에 5색 비단으로 감은 시렁대를 즐비하게

---

40) 『高麗史節要』 卷 4, 文宗 元年 2月.
　　幸外帝釋院 自是婁幸寺院.
41) 『高麗史』 卷 8, 世家 8 文宗 21年 6月 辛酉.
　　王受菩薩戒 于乾德殿.
42) 『高麗史節要』 卷 4, 文宗 元年 4月 丁卯.
　　設百座道場於會慶殿 飯僧一萬於毬庭.
43) 『高麗史』 卷 7, 世家 7 文宗 10年 2月 癸卯.
　　始創興王寺 于德水縣.

세워 비늘처럼 겹겹이 잇대이게 하고 왕의 수레가 통과하는 큰 길 좌우에는 등장대를 수풀처럼 세워 대낮과 같이 밝게 하였다. 이날 왕은 호위병을 앞뒤에 세우고 백관들과 함께 향불을 피운 다음 재물과 의복을 시주하였다. 이처럼 성대한 불교 행사는 일찍이 없었다.44)

총 2,800칸인 흥왕사 연등법회의 기록을 보면 5晝夜에 걸쳐 성대하게 행사하고 있어 매우 큰 불교행사였음을 짐작할 수 있다. 이처럼 문종의 불교숭상심은 특별했던 것으로 생각된다. 반면 문종의 성품은 매우 검소했던 것 같다. 靖宗이 죽은 후 왕위에 올라 명령한 내용을 보면 그의 성향을 짐작할 수 있다.

돌아가신 임금이 사용하던 용상과 발돋움(踏斗)은 전부가 금으로 장식되어 있고 이불과 요는 금·은실로 짠 罽錦으로 만들었으니 담당관리로 하여금 그것을 동·철과 능직·견직으로 고치게 해야 할 것이다.45)

위에서 불교행사와 절의 건축은 호화롭게 하면서 왕의 소용품에 대해서는 검소하게 할 것을 명하고 있어 여기에서 문종의 소박한 성품을 알 수 있다. 불사를 행하거나 절을 신축하는데는 역대 어느 왕보다도 화려하고 사치스러웠는데 이는 그만큼 불교를 숭상하였을 뿐만 아니라 종교와 사상에 깊은 영향을 받고 있었음을 보여주는 것이다.

李齊賢의 평에 의하면

---

44) 『高麗史』 卷 8, 世家 8 文宗 21年 正月 戊辰.
　　特設燃燈大會 於興王寺五晝夜 勅令百司 及安西都護 開城府 廣水楊東樹五州 江華長湍二縣 自闕庭至寺門 結綵棚 櫛比鱗次連亘相屬 輦路左右 又作燈山火樹光照如晝 是日王備鹵簿 率百官行香 施納財襯 佛事之盛 曠古未有.

45) 『高麗史』 卷 7, 世家 7 文宗 即位年 己亥.
　　先朝所御 倚床踏斗 皆以金銀 裝釘又以金銀線織 成罽錦爲茵褥 宜令有司 代以銅鐵綾絹.

　　문종은 자신이 근면하고 검박하였으며 어진 인재를 등용하고 백성을 사랑하여 형벌을 너그럽게 하였으며 학문을 숭상하고 늙은 이를 존경하였다. (중략) 왕의 시중을 드는 환관 수효가 10여 명에 불과하였고 내시는 반드시 공로와 재능이 있는 자를 선택하여 이를 임명하였으되 역시 20여 명에 불과하였다. (중략) 사업은 간편하게 되고 비용이 절약되어 나라가 부유해졌으며 창고에는 해마다 묵은 곡식이 쌓이고 집집마다 살림이 넉넉하여 당시 사람들은 이 때를 태평성대라고 일컬었다. (중략) 고려 인종 때의 사람인 林完이 '문종은 우리나라의 성군'이라고 하였다고 한다. 그런데 경기 지방의 한 縣을 들어내고 거기에 흥왕사를 건립하였는데 그 웅장한 건물은 궁궐보다 더 사치스럽고 높은 성벽은 수도의 왕성과 비등하며 황금으로 탑을 쌓아 모든 시설을 이에 맞게 하였다.46)

라고 하였다. 이와 같이 문종대는 태평성대이고 불교를 숭상하여 불교행사도 융성하게 하였으며 宋에서는 매양 왕을 칭찬하는 글월을 보내왔고, 遼에서는 매년 왕의 생신을 축하하는 의례를 치루었으며, 동쪽에 있는 野人들도 관문에 들어와서 토지와 주택을 받았었다.

　　문종은 불교 뿐만 아니라 당시 고려사회의 사상적 기반이었던 風水圖讖思想도 신봉하였던 것으로 보인다. 다음의 기사를 보면

　　서경 궁궐은 오랜 세월이 지나는 사이에 퇴폐한 곳이 매우 많으니 장인들을 동원하여 이를 수리하도록 하는 동시에 서경에서 동서로 각각 10리 되는 지점에 새로 위치를 설정하여 좌우 궁궐을 건축함으로서 내가 지방을 순회할 때 머무르는 곳으로 삼게 하라.47)

---

46)『高麗史』卷 9, 世家 9 文宗 37年.
　　文宗躬勤節儉 進用賢才 愛民恤刑 崇學敬老(中略) 宦官給使不過十數輩 內侍必選有功能者克之 亦不過二十餘人(中略) 事簡費用節 而國富大倉之栗陳陳相 因家給人足 時號太平(中略) 故林完以爲我朝賢聖之君也 獨其徙一畿縣作一僧寺 侈峻宇於宮闕侔崇墉於國都 黃金爲塔百物稱是殆將比.
47)『高麗史』卷 9, 世家 9 文宗 35年 8月 辛酉.
　　制西京宮闕 年久頹毀頗多 宜募工修葺 且去京東西各十餘里 更卜地構左右

라고 하여 수시로 순행을 하였다. 그리고 같은 해에 西江(현재 예성강)의 甁嶽 남쪽에 長源亭을 건축하였고[48] 그 후 자주 그곳에 순행하였다. 문종은 延基宮闕로서 三蘇宮을 경영하였는데 三蘇는 左蘇 白岳山(현재 京畿道 長湍의 白鶴山), 右蘇 白馬山(현재 京機道 開豊郡 大聖面), 北蘇 箕達山(현재 黃海道 新溪郡)이다. 이들은 松岳을 중심으로 한 주위의 3鎭山으로 이곳에 궁궐을 조성하고 巡駐하여 국업을 연장해 보려고 하였다.[49]

이와 같이 문종은 3蘇의 경영과 함께 三京體制를 갖추게 된다. 東京과 함께 4京이었으나 개경을 제외하기도 하고 동경을 제외하기도 하였다. 이때 개경을 제외한 3경은 지방행정 구획상의 지칭이었고 동경을 제외한 3경은 國王巡駐京으로서의 지칭이었다.[50]

검토 결과 문종이 南京을 설치한 이유는 風水圖讖思想에 의지하여 국가의 수명을 연장하려는 延基思想과 국가의 안녕을 기원하는 祈福的인 것이 가장 큰 것이었다. 그리하여 여러 行宮을 건설하고 佛力에 의지하여 興王寺를 크게 건설하고 三蘇宮을 운영하고 있었는데 불교와 풍수도참사상에 깊이 심취한 문종이 道詵의 예언을 무시하기는 어려웠을 것으로 생각된다.

2) 南京의 設置

문종은 관제개혁을 통한 정치적 안정을 꾀하였고 중앙집권적인 지배체제를 확립하였으며 특히 지방통제를 원활히 하였다. 아울러

宮闕 以爲省方 巡御之所.
48)『高麗史』卷 7, 世家 7 文宗 10年 12月.
　　是歲作長源亭 於西江甁嶽之南.
49) 李丙燾,「高麗三蘇考」『東洋學報』16-4, 1927.
50) 李丙燾,『高麗時代의 研究』, 亞細亞文化社, 1980, 147쪽.

경제제도도 완비하여 체제를 갖추었다.

고려초에 태조는 서경과 북방지역으로 십여차례 순행하고 있음에도 불구하고 南京으로는 전혀 순행하지 않고 있다.[51] 그가 신뢰하고 추종한 도선이 「道詵秘記」·「踏山歌」·「三角山明堂記」·「神誌秘詞」 등 4권의 저서에서 南京의 중요성을 주장하고 있지만 아무튼 그의 재위기간에는 南京을 설치하지 않고 있다.

태조는 도선의 예언을 이용하여 왕이 되고 그의 영향을 받아 「訓要十條」에 까지 반영하였으나 전적으로 다 수용하지는 않고 그의 의지대로 추진하였던 것을 알 수 있다. 시대를 내려오면서 도선에 대한 존숭이 더욱 깊어지고 풍수지리설에 대한 고려왕조의 신뢰를 알 수는 있으나 결국 왕의 종교·사상적 성향에 따라 필요한 것만 취하여 선택하고 받아들였음을 볼 수 있다.

문종대에는 정치적 안정과 북방의 통치체제를 정비하고 개경 이남지방의 경략에 국력을 집중하였다. 이 때에도 국가의 안녕을 기원할 때 풍수지리설을 이용하고 있다. 이러한 경향은 恭愍王代에도 나타난다.[52]

恭愍王의 南京遷都는 元의 영향력에서 벗어나려는 의도가 강했다. 또한 공민왕초에 중국 강남지방에서 朱元璋이 몽고에 반항하여 군을 일으키게 되자 그 다음 해인 공민왕 5년에는 곧 元의 연호와 제도를 거부하였을 뿐만 아니라,[53] 한반도 내에 두었던 원의 영토와 거점을 모두 빼앗아 거두고 압록강 밖까지 뻗어 나아갈 태세를 갖추는 동시에 國都를 南京으로 옮기려 하였던 것이다.

남경으로 천도하고자 한 시점부터 걸린 세월이 무려 10여 년간이

---

51) 이에 대해서는 본 논문 Ⅳ장 '고려초기의 순행'에서 다루었다.
52) 본 논문 Ⅵ장 1절 '恭愍王代의 遷都' 참조.
53) 『高麗史』 卷 39, 世家 39 恭愍 5年 6月 乙亥.
　　　停至正年號.

나 소요되는 이러한 과정 등을 통해서도 천도가 당시 왕의 정치성
향, 종교·사상적 성향에 의해서 결정됨을 알 수 있다.[54] 태조와 공
민왕의 경우에서 보아도 알 수 있듯이 문종대에도 사상·종교적 성
향에 의해 남경설치가 이뤄진 것으로 생각된다.

　물론 남경이 설치된 지역이 지리적으로 뛰어난 곳이기는 하였으나
그것만으로 남경 설치의 이유를 삼기에는 부족한 면이 없지 않다. 그
러나 우수한 경관으로 인하여 삼각산 일대나 한강유역에 순행이 많
은 것에 의하면 순행지로서의 역할도 배제할 수는 없을 것이다. 그러
므로 왕이 머물 수 있는 行宮의 건축은 필수적이었을 것이다.[55]

4. 肅宗代 南京의 再建

1) 再建 動機

　문종 21년(1067)에 南京이 설치되었음에도 불구하고 肅宗 元年
(1095)에 南京을 다시 두자는 논의가 나오는데 남경이 언제 폐지되
었는지는 기록에 없다. 단지 문종 30년(1076) 경에 폐지되었을 것으
로 보는 견해에 의하면 '예언이 실현되지 아니한 까닭에 문종은 만
년에 남경을 폐지하고 도로 양주라 개칭하였다'[56]고 하였는데 타당
성이 있는 것 같다.

　숙종이 남경을 건설하게 된 가장 직접적인 동기는 숙종 원년에 衛
尉丞同正으로 임명된 道詵의 영향을 받은 金謂磾의 「南京建都議」

---

54) 이에 관하여는 본 논문 VI장 '南京遷都' 참조.
55) 본 논문 V장 '南京巡幸' 참조.
56) 李丙燾, 앞의 책, 151쪽.

상소 때문이었다.[57] 그가 이런 주장을 하게 된 배경은, 숙종이 李資
義 일족의 세력을 제거하고 조카인 獻宗의 왕위를 찬탈하였는데 마
침 이 해에 南京 부근에 심한 서리와 우박이 내리자 이는 정변에 따
른 찬탈과 살륙에 대한 하늘의 응징이라는 생각에서 이에 대한 대응
책으로 남경창건을 주장하게 되었다.[58]

南京의 再建은 숙종 4년(1099)에 시작되어 同王 9년(1104) 5월에
이룩되었다. 同王 4년 9월에 宰臣·日官 등으로 하여금 楊州에 남경
을 건설할 것을 의논케 하였으며[59] 同王 6년(1101) 9월에 「南京建都
議」를 계기로 南京開創都監을 두고 門下侍郎平章事 崔思諏, 御史大
夫 任懿, 知奏事 尹瓘, 少府監으로 致仕한 文象, 春官正 陰德全, 秋官
正 崔資顥 등에게 命하여 남경의 地勢를 살펴보게 하였다.[60] 궁궐 수
축에는 5년간의 기간이 소요되었다. 공사기간이 5년이나 소요된 것
으로 보아 매우 큰 건물이었을 것으로 짐작되며 여기에 수용된 관아
의 수도 상당한 수준에 달했을 것으로 추측된다.

2) 南京建都議

「南京建都議」의 중요한 의미는 金謂磾가 숙종에게 '삼각산의 남
쪽 木覓山 북쪽의 평지'에 南京을 두어야 한다며 「道詵秘記」를 인용
하여 남경천도를 단행할 시기라고 주장한 것이다.

김위제는 고려 숙종·예종대의 풍수지리가로서 생몰년은 미상이
다. 숙종 1년(1097) 衛尉丞同正을 지냈고, 예종대는 注簿同正을 지냈

다. 도선의 지리도참설을 신봉하고 그 원리를 탐구하여 術數에 밝았
다. 특히 숙종 1년(1097)에는 당시의 秘記였던 「三角山明堂記」, 「神
誌秘詞」 등 도선의 이론을 근거로 하여 南京으로 천도를 하면 四海
가 모두 朝貢을 바칠 것이라고 주장하였다. 또한 남경은 五德(水·
火·木·金·土)을 두루 갖추고 있고, 고려개국 후 160년이 지나면
남경으로 도읍을 옮기게 될 것이라는 「踏山歌」의 예언을 들면서 이
곳에 도성을 쌓아 사직의 부흥을 일으킬 것을 역설하였다.

이에 숙종 4년(1099) 9월 왕이 親行하여 지세를 답사한 후, 同王 6
년(1101) 崔思諏·尹瓘 등에게 궁궐의 착공을 명하여 南京開創都監
을 두었고, 3년 뒤인 숙종 9년(1104)에 남경궁궐을 완공하였다.[61] 그
가 올린 글을 보면 다음과 같다.

　　도선의 「秘記」에는
　'고려의 땅에 세 서울이 있다. 松岳을 中京으로, 木覓壤을 南京으로,
平壤을 西京으로 하는데 11·12·1·2월을 中京에서 지내고 3·4·5·6월
을 南京에서 지내며 7·8·9·10월을 서경에서 지내면 36국이 와서 조공
할 것이다' '건국 후 160여 년에 목멱벌에 도읍한다' 라고도 하였습니
다. 그러므로 저의 생각에 지금이 바로 서울을 옮길 때라고 봅니다.
　또 제가 道詵의 「踏山歌」를 보니 거기에 이르기를
　'송도운수가 다 되면 어느 곳으로 가려는가. 三冬에 해돋는 그곳
에 벌판이 있네. 후대의 어진 임금이 이곳에 도읍하면 한강의 어룡이
사해로 통할 것이다' 라고 하였습니다. 삼동에 해 돋는 곳은 11월 동
지날에 해 돋는 곳, 즉 巽方이며 木覓이 松京의 동남방에 있는 까닭
에 그렇게 말한 것입니다.
　「踏山歌」에 또 '송악산 辰韓과 馬韓의 주인이 되었으니 아아！ 어
느 시기에 가서 그 운맥이 약해 질 것인가? 뿌리가 가늘고 약하며 枝
葉도 역시 그러하니 겨우 백년기간 지나면 어찌 시들지 않으랴? 만
약 새로운 꽃 다시 한 번 피려거든 서울을 떠나 양강을 건너 국왕이

------

61) 『高麗史』 卷 11, 世家 11 肅宗 6年 9月 甲申.

왔다 갔다고 하라. 그러면 사해의 어룡이 모두 한강으로 모여들 것이
요. 나라와 백성이 편안하여 태평성대 이룩되리라' 라고 하였습니다.
한강 양지 쪽은 왕업이 장구하며 온 세상이 입조하고 왕실이 번창할
것이니 이는 실로 대명당의 터입니다.

　또 「踏山歌」에는 '후대에 현명한 사람이 인간의 운기를 알아낸다
면 한강을 건너가지 말아야 그 운수 오래간다. 만약 그 강을 건너 가
서 도읍을 정한다면 나라는 두 조각이 나서 한강을 국경으로 삼으리
라' 라고 하였습니다.

　「三角山明堂記」에

　'눈을 뜨고 머리를 들어 산세를 두루 살펴보니 북을 등지고 남을
향한 곳, 이 곳이 바로 명당대지로다. 음과 양이 서로 맞아 겹겹이 꽃
이 피니 자손이 번창하고 국가를 수호하리라. 앞에 놓인 산들은 첩첩
이 들어서서 조공바치듯 하고 뒤로 옆으로 늘어선 산들은 부모 삼촌
과 같이 보호해주며 문 지키는 산 또 대궐문이나 성문밖에는 개 세
마리씩 있어 주인을 위하여 충실히 문을 지키네. 좌측의 청룡과 우측
의 백호가 드높다고 시비말라. 사방의 장사군은 저마다 보배를 바치
러 올 것이요. 명예를 탐낸 이웃 손님들 자식이 부모 따르듯 와서 모
두다 한 마음으로 나라와 임금을 도우리라. 壬子年에 첫삽괭이를 대
면 丁巳年에 성군이 될 왕자가 탄생할 것이다. 삼각산을 의지하여 도
읍을 정하면 9년 후에는 사방에서 조공을 바칠 것이다' 라고 하였으니
이곳은 현명한 임금이 태평성대를 이룩할 터입니다.'

　「神誌秘詞」에

　'비유해서 저울의 저울대 · 錘 · 極器와 같은데 그 대는 扶疎이며 추
는 五德丘요, 극기는 百牙岡이다. 이곳에서 70개 나라들의 조공을 받
고 땅의 덕과 신령의 보호를 입을 것이다. 저울은 극기와 꼬리가 반듯
하여야 나라가 융성하고 태평이 보장된다. 만약 비유하여 말한 이 세
곳에 도읍하지 않으면 왕업이 쇠퇴하여 질 것이다' 라고 하였습니다.
이것은 저울을 가지고 세 곳의 서울에 비유한 것입니다. 극기는 머리
요, 추는 꼬리이며 대는 저울끈을 잡는 곳입니다. 즉 송악산을 부소라
고 하여 대에 비유하였으며 서경을 백아강이라고 하여 저울머리에 비
유하고 삼각산의 남쪽을 五德丘라고 하여 추에 비유한 것입니다. 오
덕이란 중앙에 面嶽이 있어서 원형으로 되었으니 土德을 상징한 것이

요, 북에 紺嶽이 있어서 曲形으로 되었으니 水德을 상징한 것이요, 남
에 冠嶽이 있어서 尖銳하게 되었으니 火德을 상징하게 된 것이요, 동
에 양주 南行山이 있어서 直形으로 되었으니 木德을 상징한 것이요,
서에는 樹州의 北嶽이 있어서 방형으로 되었으니 金德을 상징한 것으
로서 이것도 도선의 三京의 설과 합치됩니다. 그런데 지금 우리나라
에는 중경과 서경은 있으나 南京이 없습니다. 그러므로 삼각산 남쪽
목멱산 북쪽 평지에 도성을 건설하고 때를 맞추어 순행하시기를 바랍
니다. 이 문제는 진실로 나라의 흥망과 성쇠에 관련되는 일이기 때문
에 저는 이에 기록하여 삼가 올립니다' 라고 하였다.62)

이와 같이 金謂磾는 道詵의 네가지 「秘記」를 들어서 南京의 설치를
건의하였고 숙종은 마침내 남경궁궐의 착공을 명하였다. 숙종 6년
(1101) 9월에 南京開創都監을 설치하고 崔思諏 · 任懿 · 尹瓘 · 文象 등
에게 명령하여 基地를 돌아보게 하였다.63)

　　崔思諏 등이 돌아와서 아뢰기를
　　'저희들이 盧原驛 · 海村 · 龍山 등지에 가서 산수를 살펴본 즉 도읍
을 정하기에 합당하지 않고 오직 삼각산 면악 남쪽의 산수 형세가 옛
문헌의 기록에 부합되오니 청컨대 삼각산 주룡의 중심 지점인 남향관
에 그 지형대로 도읍을 건설하소서' 라고 하니 왕이 좋다고 하였다.64)

---

62)『高麗史』卷 122, 列傳 35 金謂磾傳.
63)『高麗史』卷 11, 世家 11 肅宗 6年 9月.
　　是月 置南京開創都監 命門下侍郎平章事崔思諏 御史大夫任懿 知奏事尹瓘
　　少府監致仕文象 春官正陰德全 秋官正崔資顯 相之.
64)『高麗史』卷 11, 世家 11 肅宗 6年 10月 乙未.
　　崔思諏等 還奏云 臣等取 盧原驛海村龍山等處 審視山水 不合建都 唯三角山
　　面嶽之南 山形水勢 符合古文 請於主幹 中心大脉 壬座丙向 隨形 建都 制可.
　　龍山은 고려시대의 富原이었고 漢城府 서남쪽으로 10리 되는 곳에 있었는
　　데 본래 果州의 龍山이었으며 고려 忠烈王 11년 富原縣으로 승격했고 朝鮮
　　太祖 3년에 幸州에 속했다가 漢城府 西部에 속했으며 西部 龍山坊과 西江
　　坊 양방으로 되었다.

마침내 南京開創을 宗廟·社稷에 告하였다.65)

궁궐 위치에 대해 유추해 볼 수 있는 기록으로 조선 태조대의 기록을 살펴보면 조선 태조는 判門下府事 權仲和·判三司事 鄭道傳·靑城伯 沈德符·參贊門下府事 金湊·左僕射 南誾·中樞院 學士 李稷 등을 한양에 보내서 종묘·사직·궁궐·시장·도로의 터를 정하게 하였다.

權仲和 등은 고려조 숙종대에 경영했던 궁궐 옛터가 너무 좁다 하고, 다시 그 남쪽에 亥方의 산을 주맥으로 하고 壬座丙向이 평탄하고 넓으며, 여러 산맥이 굽어 들어와서 지세가 좋으므로 여기를 궁궐터로 정하고, 또 그 동편 2리쯤 되는 곳에 坎方의 산을 주맥으로 하고 壬座丙向에 종묘의 터를 정하고서 도면을 그려서 바치었다.66)

그러므로 고려 숙종 대의 궁궐의 위치는 조선의 궁궐터 보다 북쪽에 있었던 것으로 생각된다. 궁궐의 위치에 대하여는 현재의 종로구 세종로동의 청와대가 있는 자리라는 설과67) 경복궁이 있는 자리라는 설68), 그리고 창경궁이 있는 자리라는 설69)이 있는데 경복궁 뒤 북쪽방향에 위치하였던 것으로 추측되나 확실한 근거자료는 찾을 수 없다.

이상으로 남경설치 근거로 주장된 세가지 요인에 대하여 살펴보

---

65) 『高麗史』卷 11, 世家 11 肅宗 6年 10月 丙申.
   以始創南京 告于宗廟社稷山川.
66) 『朝鮮王朝實錄』太祖實錄 卷 6, 太祖 3年 9月 丙午.
   遣判門下府事權仲和 判三司事鄭道傳 靑城伯沈德符 參贊門下府事金湊 左僕射南誾 中樞院學士李稷等 如漢陽定廟社宮闕朝市道路之基 仲和等以前朝肅王時 所營宮闕舊址 狹隘更 相其南亥山 爲主壬座丙向 平衍廣闊羣龍朝揖 乃得面勢之宜 又相其東數里之地 得坎山 爲主壬座丙向 以爲 崇廟之基 皆作圖以獻.
67) 崔完基, 앞의 책, 14쪽.
68) 李丙燾, 앞의 책, 169쪽.
69) 閔丙河, 앞의 책, 26쪽.

았다. 어느 한가지 요인으로만 남경이 설치되었다고는 보기 어렵고 기존의 우리 민족의 산천숭배사상에 풍수도참사상이 부합되어 순행지로서의 목적으로 설치된 것으로 보인다. 검토 결과 문종은 불교와 풍수도참사상에 심취해 있었고 숙종 또한 그러하였던 것으로 보인다. 아울러 한반도의 중심에 위치한 남경의 지리적 조건과 문종의 지방제도 정비의 일환 등과 같은 복합적인 요인을 포함한 결과로 생각된다.

제Ⅲ장

南京의 行政組織과 官員

1. 行政組織

高麗時代에는 수도인 開京에 소속된 중앙관서 소속직을 京職이라고 한데 반해 지방행정 단위직을 外職이라 하였다. 京職이 外職보다 우월한 위치에 있었는데 南京의 官職은 당연히 外職이었고 고려 조정은 初職을 外職으로 임명하거나 승진에 앞서 外職을 거치도록 하였다.

고려 조정이 外官을 지방에 파견하여 통제를 가하기 시작한 것은 成宗 2년부터로 이 때에 12牧을 설치하였는데 이는 崔承老의 時務 28조 중 제7조에 의해서였다. 楊州·廣州·忠州·淸州·公州·晉州·尙州·全州·羅州·昇州·海州·黃州에 牧을 설치하여 호족세력 하에 있던 지방통제력을 중앙집권화하였고 이 때부터 楊州에도 지방관이 파견되었다.

文宗 때부터 楊州를 南京으로 정하고 留守·副留守·判官·司錄

參軍事・掌書記・法曹・醫師・文師 등을 두었다. 즉, 문종대 南京官員의 수는 8명이다. 睿宗 11년(1116)에 判官은 少尹으로 변경되었고 忠烈王 34년(1308)에 남경을 漢陽府로 고치면서 尹・判官・司錄을 두었다.[1] 이를 정리하면 <표 2>와 같다.[2]

<표 2> 南京 官員

官　　員	品　　階	人　　員
留　　守	3품 이상	1
副 留 守	4품 이상	1
判　　官	6품 이상	1
司錄參軍事	7품 이상	1
掌 書 記	7품 이상	1
法　　曹	8품 이상	1
醫　　師	9품 이상	1
文　　師	9품 이상	1

2. 官職 任命者

1) 南京留守

南京留守는 고려시대 南京의 최고 관직으로서 3품 이상인 사람이 임명되었다. 南京尹・漢陽尹 등의 명칭은 같은 관직을 의미하며 일정한 시기를 경계로 변화되었다. 恭愍王 2년(1353)에 南京尹으로 보

---

1)『高麗史』卷 77, 志 31 百官 2 外職 南京留守官.
2) 남경의 관원에 대하여 언급한 논문으로는 앞에서 밝힌 나각순과 권순형의 글이 있다.

이고 동왕 5년(1356)에 漢陽尹으로, 同王 6년(1357)과 同王 10년(1361)
에는 南京留守로 나타나고 있다.

文宗 21년에 南京이 설치되었음에도 불구하고 문종대에는 南京留
守로 임명받은 사람이 기록에 보이지 않고 있다. 문종대 남경을 폐
지할 때까지 단 1회의 임명도 없다는 것은 남경에 유수를 파견하지
않았거나 현지에서 겸임을 하였던 것으로 추측되나 확실한 근거 자
료를 찾을 수는 없다.

南京留守는 본래 文班의 職位였으나 高麗 後期에는 武臣도 임명
될 수 있었고 겸직도 가능했던 것으로 보인다. 洪瑄의 예에서 그 근
거를 찾을 수 있다. 洪瑄은 장군으로 있으면서 遊擊將軍을 자원하였
으므로 왕이 가상히 여겨 南京尹 楊廣道 管軍 上萬戶로 등용하였
다.3) 또한 南京留守는 좌천되는 자리이기도 하였던 것 같다. 崔惟清
과 丁公壽의 예에서 그 내용을 확인할 수 있다.

丁公壽는 文臣으로 高宗 4년(1217) 北界分道將軍의 직책으로서 金
과 화평을 꾀하는데 공을 세우고 있으며 백성을 잘 위무하였다. 고종
13년(1226) 樞密院副使·尙書右僕射가 되었고 이듬 해 樞密院使로
중군병마사가 되어 定州·長州 등지에 침입한 동여진을 방어하였다.
그러나 이듬해 적을 막지 못하였다는 이유로 南京留守로 좌천되었
다.4) 이 사실로 볼 때, 다른 관직도 그러한 경우가 있겠지만, 南京留
守는 관료들이 좌천되어 이동해 갔던 지위이기도 하였던 것 같다.

고려시대 南京留守를 지낸 사람은 문헌자료상에 20여 명 정도 나
타나는데 정리하면 <표 3>과 같다.5)

---

3) 『高麗史』 卷 39, 世家 39 恭愍王 10年 11月 丁丑.
4) 『高麗史』 卷 22, 世家 22 高宗 14年 11月 癸巳.
5) <표 3>에서 출전 칸에 '金追'는 『韓國金石文追補』를, '金總'은 『朝鮮金石
　　總攬』을, '史'는 『高麗史』(이하 <표 4> <표 5>도 동일)를 각각 말한다.

〈표 3〉南京留守 歷任者

	姓　名	時　期	前 官職	後 官職	根據 史料
1	李　軾	仁宗17	廣州牧使	吏部郞中	金追 140쪽
2	金永錫	仁宗18	秘 書 監	三 司 使	金總 391~393쪽
3	崔惟淸	毅宗 5	判兵部事	忠州・廣州 二州 牧使	史 99, 列傳12
4	王　珪	明宗	殿中侍御史	門下侍郞同 中書平章事	史101, 列傳14
5	朴仁碩	熙宗 3	戶部侍郞	大 府 卿	金總　433쪽
6	崔正華	熙宗			史102, 列傳15 兪昇旦
7	丁公壽	高宗14	樞密院使・中 軍兵馬使		史 22, 世家22
8	王　昀	忠烈			史124, 列傳37
9	鄭　瑎	忠烈	知申事・副知 密直	廣陵府尹	史106, 列傳19
10	尹宣佐	忠肅	判典校・民部 典書	鷄 林 尹	史109, 列傳22
11	李　安	恭愍 6			史 39, 世家39
12	崔仁遠	恭愍10	尙書左右僕射		史 39, 世家39
13	洪　瑠	恭愍10		都兵馬使	史 39, 世家39
14	金達祥	恭愍13	密直副使	楊廣道都巡察使	史 40, 世家40
15	辛　廉	恭愍			史114, 列傳27
16	洪仲元	恭愍			史 39, 世家39
17	張　夏	禑王 3			史135, 列傳48
18	柳　珣	禑王 6	都兵馬使		史134, 列傳47
19	趙　琳	禑王12	都元帥		史136, 列傳49
20	文達漢	昌王			史120, 列傳33 吳思忠
21	崔　坦	恭讓1			史130, 列傳43
22	金伯興	恭讓2			史 45, 世家45
23	柳爰廷	恭讓2			史114, 列傳27 史 46, 世家46
24	李　彬	恭讓2		同知密直司事	史104, 列傳17 金宗衍
25	閔　霽	恭讓	開城尹		史108, 列傳21 閔宗儒

〈표 3〉南京留守 歷任者

南京留守를 지낸 사람으로서 문헌에 신상 등이 전하는 사람을 정리하여 보기로 한다.

그 중 먼저 李軾(宣宗 7~毅宗 5)은 仁宗 17년(1139)에 知南京留守使가 되었다. 자는 處仁으로 그 선대는 경원군 사람이다. 인종 4년(1126) 원홍진에 나가 지켰으며 얼마 지나지 않아서 개성부유수가 되었다. 인종 16년(1138) 광조목에 나가 1년을 다스리고 지남경유수사로 되었다.[6]

金永錫(文宗 33~毅宗 21)은 인종 18년(1140) 겨울에 표를 올려 외임을 맡기를 청하였다. 이에 조산대부 비서감으로 知南京留守使가 되었으며 이듬해 겨울에는 불러들여 시상서우승이 되었다.[7]

崔惟淸에 대해 살펴보면

> 崔惟淸은 睿宗 때에 科擧에 及第하였다. (중략) 毅宗初에 知奏事에 승진하니 出納에 오직 성실하므로 갑자기 中書侍郎 同中書門下平章事 判兵部事에 나아갔다. 때에 郎中 鄭敍가 陰으로 大寧候와 결탁함에 연좌되어 외지로 귀양을 보내는데 惟淸은 敍의 妹婿라 敍가 大寧을 향연하는 데에 器皿을 빌려주었으므로 臺諫이 탄핵하기를 대신의 체모를 잃었다고 하여 南京留守使로 貶黜하였다가 이어 忠州, 廣州 2州 牧使로 폄출하였다.[8]

라고 하여 최유청은 南京留守使로 좌천되고 있음을 볼 수 있다.

王珪(仁宗 20~高宗 15)는 毅宗 때 軍器注簿同正에 出仕하여 兵部員外郎과 御史臺의 殿中侍御史 등을 역임하였다. 毅宗 24년(1170)

---

6) 李蘭暎 編,『韓國金石文追補』, 亞細亞文化社, 1968, 140쪽 ; 경기도사편찬위원회 편,『경기도사자료집』고려편Ⅳ, 「이식묘지명」, 1999, 30쪽.

7) 李蘭暎, 위의 책, 391~393쪽 ; 경기도사편찬위원회 편,『경기도사자료집』고려편Ⅳ, 「김영석묘지명」, 1999, 39쪽.

8)『高麗史』卷 99, 列傳 12 崔惟淸傳.

무신난이 일어났을 때 마침 휴가를 얻어 어머니를 만나러 갔기 때문
에 화를 면할 수 있었다. 그 후에 南京留守로 있다가 明宗 3년(1173)
金甫當이 일으킨 반무신난에 가담한 李之茂의 아들 李世延과 동참
하였다 하여 李義方 등에 의해 처형될 뻔 하였으나 이때 鄭仲夫의
딸과 혼인하게 됨으로써 목숨을 보전하였다. 神宗朝에 御史大夫에
除拜되어 參知政事에 나아갔고 門下侍郎 同中書平章事 등을 역임하
였으며 병으로 사직하였다. 明宗 때에는 南京留守로 재직하면서 백
성에게 은혜로운 정사를 하였다.[9]

朴仁碩(仁宗 21~康宗 1)은 仁宗代의 武人이며 문장가로 명성을
날렸던 兪升旦이 극찬할 정도로 문학에 대한 식견이 높았다. 神宗
初 경상도 일대에서 민란이 계속되자 宣諭使가 되어 반란군을 선유
하였다. 熙宗 3년(1207) 戶部侍郎으로서 南京留守를 지내고 大府卿
이 되었다.[10] 자는 壽山, 호는 檜谷, 본관은 竹州이다. 掌醴令同正,
東萊縣令, 監察御史, 刑部員外郎, 殿中侍御, 御史雜端, 戶部侍郎, 南
京留守 등을 거쳤으며 大中大夫, 戶部尙書令으로 치사하였다.[11]

崔正華는 南京留守로 熙宗代에 南京司錄參軍 兪升旦과 틈이 있어
그를 강등시켰다.[12]

鄭瑎(高宗 41~忠烈王 31)는 科擧에 급제하여 秘書校勘으로 임명
되고 史翰을 역임하였다. 충렬왕 18년(1292) 右丞旨가 되어 銓注를
관장하였고 知申事・副知密直을 거쳐 南京留守・廣陵府尹이 되고
중앙에 들어와 知密直이 되었다. 贊成事로 승진하여 知貢擧가 되어
張子贇 등을 급제시켰다.[13]

---

9) 『高麗史』 卷 101, 列傳 14 王珪傳.
10) 朝鮮總督府 編, 『朝鮮金石總覽』 上, 亞細亞文化社, 1976, 435쪽.
11) 李蘭暎, 앞의 책, 433쪽 ; 경기도사편찬위원회 편, 『경기도사자료집』 고려편
    Ⅳ, 「박인석묘지명」, 1999, 53쪽.
12) 『高麗史』 卷 102, 列傳 15 兪升旦傳.
13) 『高麗史』 卷 106, 列傳 19 鄭瑎傳.

鄭瑈의 경우를 통하여 科擧에 합격하여 승진하는 한 과정에서 南京留守를 역임하고 있음을 알 수 있다. 그리고 문인의 최고 영예였던 과거시험의 지공거로 후학을 잘 선발하여 칭송을 듣기도 하였다.

王昫은 南京留守로 충렬왕 때 삼각산 僧과 鷹坊의 尹秀와 상호 교류하였다.[14]

李安(?~恭愍王 22)은 공민왕 6년(1357)에 남경유수에 임명되었다.[15] 공민왕이 남경에 천도하고자 李安을 보내어 수리하게 하니 백성들이 심히 괴롭게 여겼다고 한다.

金方慶(康宗 1~忠烈王 26)은 南京倅로 폄출되었다.[16] 丁公壽의 예에서와 같이 南京은 다른 지역과 마찬가지로 貶黜地가 되기도 하였던 것 같다.

尹宣佐(元宗 6~忠惠王 復位 4)는 청렴하고 검소하였으므로 忠肅王이 귀국한 후 判典校를 거쳐 民部典書로 漢陽尹을 겸하였다.[17] 여기에서 漢陽尹은 겸직도 가능했음을 알 수 있다.

洪仲元은 공민왕 5년(1356)에 한양윤으로 前護軍 林仲甫가 충혜왕의 庶子 釋器를 왕위에 모시고자 하는 역모사건에 연루되어 곤장을 맞았다.[18]

왜적이 침입하였을 때 방어하지 못하여 한양윤은 문책을 받기도 하였다. 왜적의 배가 東西江에 집결하여 陽川을 침범하고 드디어 한양부 가옥을 불사르고 백성을 살상 약탈하였는데 왕이 河乙沚와 漢陽尹 辛廉을 방어하지 못한 죄로 견책하여 다같이 매를 쳐서 烽卒로 귀양보냈다.[19]

---

14) 『高麗史』卷 124, 列傳 37 尹秀傳.
15) 『高麗史』卷 39, 世家 39 恭愍 6年 3月 辛卯.
16) 『高麗史』卷 104, 列傳 17 金方慶傳.
17) 『高麗史』卷 109, 列傳 22 尹宣佐傳.
18) 『高麗史』卷 39, 世家 39 恭愍王 5年 6月 己巳.
19) 『高麗史』卷 114, 列傳 27 河乙沚傳.

崔仁遠은 恭愍王 10년(1361) 11월에 南京留守로서 왕이 홍건적의 침입으로 피난할 때 淸州牧使 金成甲과 더불어 迎曙驛(楊州)에서 왕의 행렬을 맞이하였다.[20]

金達祥(?~恭愍王 17)은 1364년 密直副使로서 都黨에서 銓注를 맡아 官爵을 범람시켜 탄핵을 받아 沃州로 유배되었다가 곧 사면되어 漢陽尹이 되었다.[21]

閔霽(忠肅王 復位 8~朝鮮 太宗 8)는 恭愍王代에 나이 19세로 登第하여 國子直學에 補任되고 春秋檢閱이 되었다가 典理正郞 知製敎가 되었다. 成均司藝 典校副令을 거쳐 禑王 때는 判典儀事로 나가 知春州事가 되었는데 惠政이 있어 소환하여 判少府寺事가 되었다. 다시 典工禮儀判書로 옮겼고 昌王 때에 開城尹 商議密直司事로 拜하였으며 恭讓王 元年(1388)에는 禮文館提學을 除授하여 簽書密直司事 禮曹判書에 전임되었다. 다시 開城尹을 拜하였다가 漢陽尹이 되었다.[22] 이 경우에서 개성윤을 지낸 후에 남경윤으로 임명되고 있음을 볼 수 있다.

文達漢에 대해서는

前 漢陽尹 文達漢은 琳의 인척으로서 중간에서 세도를 쓰지 않고 부정행위를 마음대로 하였습니다. 琳의 족속들은 이미 모두 다 귀양 보내었는데 文達漢만 서울에 두고 있으니 그의 직첩을 회수하여 지방에 쫓아내시기 바랍니다.[23]

라고 보이고 있는 것이다. 文達漢이 漢陽尹으로 재직시 부정행위를 하여 탄핵받고 있음을 보여준다.

---

20) 『高麗史』 卷 39, 世家 39 恭愍王 10年 11月 丁卯.
21) 『高麗史』 卷 40, 世家 40 恭愍王 13年 8月 癸巳.
22) 『高麗史』 卷 108, 列傳 21 閔宗儒傳.
23) 『高麗史』 卷 120, 列傳 33 吳思忠傳.

張夏는 禑王 9년(1383) 7월 漢陽尹으로 있으면서 왜적의 간첩 3명을 체포하였다.[24]

漢陽府尹 柳爰廷은 아들을 위하여 중매하게 하고는 자기가 장가들어서 풍속을 문란하게 한 죄를 규탄받아 귀양을 간 기록이 보인다.[25]

柳珣과 趙琳은 도병마사와 도원수로 한양부윤을 겸하였다.[26] 한양부윤은 도병마사와 도원수로 겸하는 경우도 있었음을 알 수 있다.

李彬(?~ 朝鮮 太宗 10)은 恭讓王 2년(1390) 回軍 공신에 봉해지고 한양부윤이 되었다.[27]

庾應圭(仁宗 9~明宗 5)[28]는 재상가 후손의 문신으로 글을 잘 지었으나 두 번이나 科擧에 실패하고 門蔭에 의해 내시가 된 뒤 參官이 되었다. 南京倅이 되어 정사를 잘하여 閤門祗候가 되었다가 考功員外郞이 되었다. 유응규의 예에 의하면 南京留守는 문음에 의해서도 임명받을 수 있는 자리였다.

그 외 문헌에 보이는 사람으로 庾資諒이 있다. 유자량 (毅宗 4~高宗 16)은 고려 후기의 문신으로 본관은 茂松, 자는 湛然이다. 門下侍郞平章事 弼의 손자이며, 공부시랑 應圭의 아들로서 성품이 장중하고 말이 없었다고 한다. 16세 때부터 儒家의 자제들과 교우하였으나 武人들과도 교제를 하여, 鄭仲夫의 난 때 화를 면하였을 뿐만 아니라 그와 교우하던 사람들도 모두 화를 면하였다. 蔭補로 守宮署丞이 되었으며, 이어 大樂署丞을 거쳐 龍岡縣令이 되어서는 행정을 밝게 잘 처리하였다고 한다. 그는 내외직을 두루 역임하였으며 尙衣奉御·侍御史·戶部郞中·御史雜端을 거쳐 大府少卿·兵部侍郞·刑

---

24) 『高麗史』 卷 135, 列傳 48 辛禑 9年.
25) 『高麗史』 卷 114, 列傳 27 ; 卷 46, 世家 46 恭讓王 2年.
26) 『高麗史』 卷 134, 列傳 47 辛禑 6年 4月.
27) 『高麗史』 卷 104, 列傳 17 金周鼎 附 金宗衍傳.
28) 『高麗史』 卷 99, 列傳 12 庾應圭傳. '倅'은 수령의 뜻이므로 留守에 포함시켰으나 확실치 않다.

部侍郎・大府卿・知三司事・判大府司宰事・太子詹事・判閣門事・知茶房事를 역임하였다. 강종 2년(1213) 尙書左僕射가 되어 致仕하였다. 치사 후에는 은퇴한 재상들과 耆老會를 만들기도 하였으며, 또한 부처를 독실히 신봉하였다. 대개 정3품의 품질은 들어가서 정승이 될 수 있는 자리였지만 공이 판사재로 있을 때에는 도리어 지방관이 되기를 간절히 청원하였으며 호부상서로 나가 남경유수가 되었으니 이것은 공이 관품이 가득 차는 것을 사양하고 꺼렸기 때문이다.[29]

南京尹・漢陽尹 등의 명칭은 남경유수와 같은 관직을 의미하며 이 명칭은 일정한 시기를 경계로 변화되고 있다. 문종 21년(1067)에 남경이 설치되었음에도 불구하고 남경유수로 임명받은 사람이 기록에 보이지 않는 것으로 보아 문종 대에는 남경유수를 임명하지 않았던 것 같다.

남경유수는 文班職이었으나 후대에 접어들어 武臣도 임명될 수 있었고 겸직도 가능했던 것으로 보이며 남경은 貶黜地이기도 하였다. 즉, 왜적이 침입하였을 때 방어하지 못한 경우 다른 관직도 마찬가지겠지만 한양윤의 경우에도 문책을 받았고, 다른 지역의 관직에 있는 자로서 적을 막지 못하여 남경유수로 좌천되기도 하였던 것이다.

2) 南京副留守

南京副留守는 南京留守보다 낮은 등급의 관직으로서 4품 이상의 관원으로 1명을 두었다. 南京副留守・南京副尹을 역임한 사람을 정리하면 <표 4>와 같다.

---

29) 경기도사편찬위원회 편,『경기도사자료집』고려편Ⅳ,「유자량묘지명」, 1999, 61쪽.

<표 4> 南京 副留守 歷任者

	姓 名	時 期	前 官職	後 官職	根據 史料
1	韓文俊	明宗 20	南原副使	大府卿	史 99, 列傳 12
2	李淳中	康宗 2	秘 書 監		史 21, 世家 21
3	嚴守安	忠烈 11	典法摠郎	西京留守	史 106, 列傳 19

韓文俊(?~明宗 20)은 大興郡 사람이다. 성품이 雅正하고 어려서 능히 글짓기를 잘하며 뛰어난 기풍이 있었으므로 부친 惟忠이 일찍이 남에게 말하기를 '우리집을 일으킬 자는 반드시 이 아이일 것'이라고 하였다. 仁宗 代에 登第하여 才名이 세상에 알려졌으며 長州·長興·南原 三軍副使와 南京副留守를 역임하였고 惠政을 베풀었다.30)

中書省에서 秘書監 李淳中이 南省試를 관장할 때 試題를 오해하였음을 탄핵하므로 貶黜하여 南京副留守를 삼고 進士의 籍을 삭제하였다.31)

嚴守安은 寧越郡吏였다. 重房書吏로 例補된 後 元宗朝에 登第하여 都兵馬錄事, 中郎將, 典法摠郎 등을 거친 후 南京副留守로 파견되어 나갔다. 그때 마침 왕이 南京으로 가게 되었는데 그에 대한 일체 준비를 잘 마련하였기 때문에 측근자들이 모두 칭찬하였다. 이때 사람들이 백성을 착취하여 임금의 혜택을 바란다는 조롱도 하였다.

忠烈王 11년(1285)에 南京副使가 되었는데 왕이 남경에 행차할 때 崔伯與와 함께 暴斂하여 設宴하기를 극히 풍성하게 하였다. 또 왕에게 권하여 三角山 文殊窟에 행차케 하여 새 길을 개통하게 하였는데, 왕은 그의 유능함을 칭찬하여 3품계를 주었다.32)

엄수안의 경우에서 왕의 남경 순행 때 백성들에게는 暴斂하여 민폐를 끼치게 하였으나 그럼에도 불구하고 왕이 순행과 관련된 노고

---

30)『高麗史』卷 99, 列傳 12, 韓文俊傳.
31)『高麗史』卷 21, 世家 21 康宗 2年 4月 甲午.
32)『高麗史』卷 106, 列傳 19 嚴守安傳.

를 보다 우선시하여 치하함으로써 남경부유수에게 3품계를 내렸음
을 알 수 있다.

3) 判 官

判官은 睿宗 때 少尹으로 바뀌었다.[33] 判官·少尹으로는 元沆·
裵景誠·洪子藩·任洵[34] 등이 임명되었다.

元沆은 자는 天啓, 본관은 原州이다. 睿宗 2年(1107) 과거에 급제
하였다. 陜州通判, 權知直史館, 猛州副使, 試閣門祗候, 南京少尹, 安
邊都護府副使, 兵部員外郎, 刑部郎中 등을 거쳤다.[35] 西京사람 妙
淸·趙匡 등이 서경천도를 꾀하여서 이들의 처벌을 엄중히 주장하
다가 공의 강직하고 바른 것을 미워하여 참소하였으므로 남경소윤
으로 옮겼다가 얼마 안 있어 왕이 알고 복직시켰다. 다음 해 8월 21
일에 용흥사 덕현원에서 죽었고 9월에 건덕산의 서쪽 기슭에 장사
지냈다.

裵景誠은 仁宗 1年(1123) 試閣門祗候가 되고 南京少尹을 거쳐 오
랫동안 近侍로서 掌奏를 맡았다. 燃燈 때 金의 사신이 觀樂하기를
청하므로 館伴 金端이 주청하여 이를 허락하였다. 대간이 굳이 諫하
고 掌奏承宣 배경성을 탄핵하였다.[36] 仁宗 21年(1143)에 知吏部事가
되었고[37] 同王 23년(1145)에는 右常侍를 역임하였다.[38]

---

33) 『高麗史』卷 77, 志 31 百官 2 外職.
34) 『高麗史』卷 27, 世家 27 元宗 14年 3月 己卯.
35) 朝鮮總督府, 「元沆墓誌」『朝鮮金石總覽』上, 亞細亞文化社, 361~362쪽 ;
    경기도사편찬위원회 편, 『경기도사자료집』고려편Ⅳ, 「원항묘지명」, 1999,
    24쪽.
36) 『高麗史』卷 17, 世家 17 仁宗 20年 正月 己卯.
37) 『高麗史』卷 17, 世家 17 仁宗 21年 9月 癸酉.
38) 『高麗史』卷 17, 世家 17 仁宗 23年 11月 丙午.

洪子藩의 字는 雲之이며 左僕射 洪瓘의 후손이다. 부친 洪裔는 관직이 同知密直에 이르렀다. 홍자번은 재빠르고 활달한 기상을 가졌으며 학문을 좋아하였는데 그러한 사실이 재상이었던 柳璥에게까지 알려졌다. 유경이 일찍이 그에게 말하기를 '그대는 나이 스물이 못되어서 벌써 堂後官이 되었다. 왜 科擧에 응시하여 여러 세대를 두고 과거에 급제할 영예의 길을 열어주지 않는가' 라고 하였다. 홍자번이 이 말을 듣고 과거에 응시하였으나 합격하지 못하였다.

후에 南京判官, 廣州通判 등을 역임하였는데 그가 떠날 때는 반드시 그 지방 사람들의 사모를 받았다고 한다. 충청·경상·전라 3도를 按察하고 개경에 다시 들어 와서는 戶部侍郎이 되었다.[39] 이 경우에 의해서 南京判官은 과거에 급제하지 않아도 임명될 수 있었던 자리였음을 알 수 있다.

4) 司錄參軍事

南京司錄에 임명된 사람으로는 兪升旦·趙文拔·吳詢·尹莘傑·李伯兼·李益邦 등이 있는데 정리하면 <표 5>와 같다.

〈표 5〉 司錄參軍事 歷任者

	姓　名	時　期	前 官職	後 官職	根據 史料
1	兪升旦	熙　宗			史 102, 列傳 15
2	趙文拔	高　宗		中書注書	史 102, 列傳 15
3	吳　詢	元　宗	東宮侍學	中書注書	史 109, 列傳 22
4	尹莘傑	忠烈王			史 109, 列傳 22
5	李伯謙	忠烈王		右 正 言	史 109, 列傳 22
6	李益邦	忠烈王			史 28, 世家 28

---

39) 『高麗史』卷 105, 列傳 18 洪子藩傳.

兪升旦(毅宗 22~高宗 19)은 고려 중기의 문신으로 康宗이 태자로 있을 때 官階에 진출하였으며, 明宗 때 과거에 급제하여 侍學이 되었다. 그 후 崔忠獻에 의하여 康宗이 강화로 추방되면서 그도 배척을 받아 한 때 관직에서 쫓겨 났다. 熙宗 때 南京의 司錄參軍이 되었으나, 留守 崔正華와의 불화로 인하여 사직하였다가 高宗이 즉위하자 守宮署丞이 되었다. 고종 14년(1227)에 수찬관으로서 『明宗實錄』을 편찬하였으며, 이듬해 樞密院副使・左右散騎常侍를 역임하고 參知政事가 되었다.[40]

趙文拔은 定戎鎭 아전의 자식으로 科擧에 장원급제하여 高宗代에 南京司錄으로 임명되었다. 그로 인하여 崔忠獻은 고을 아전인 그의 부친에게 다른 관직을 주었다.[41] 이 경우에서 장원급제하여 南京司錄으로 임명되고 있음을 알 수 있다.

吳詗 (高宗 29~忠肅王 1)은 漢陽 출신이다. 元宗 1년(1260)에 國子監試에서 장원하여 東宮侍學이 되었고, 이어서 科擧에 급제하여 南京司錄・中書注書를 역임하였다. 충렬왕 초에 僉議舍人・金寧府使・軍簿摠郞・經史教授를 지냈으며 그 뒤 左司議大夫・密直副使에 올랐다. 충선왕 즉위년(1308) 詞林院學士・三司右使가 되었으며, 이 해에 왕명으로 諸宮・內僚 등의 이름을 고치는 일을 주관하였다. 후에 僉議贊成事・監春秋館事・知選部事로 致仕하였다. 학문이 박학하고 장자의 기품이 있었으므로 여러 淸要職을 역임하였다.[42]

尹莘傑은 충렬왕대에 科擧에 급제하고 南京司錄으로 임명되었다.[43]

李伯謙은 평장사 公升의 4대손으로 풍채가 수려하였다. 충렬왕대에 科擧에 급제하고 南京司錄, 右正言, 右司諫, 제주목사, 해주목사

---

40) 『高麗史』 卷 102, 列傳 15, 兪升旦傳.
41) 『高麗史』 卷 102, 列傳 15 趙文拔傳.
42) 『高麗史』 卷 109, 列傳 22 吳詗傳.
43) 『高麗史』 卷 109, 列傳 22 尹莘傑傳.

등을 역임하였다.[44]

李益邦은 南京司錄으로 있으면서 八關會를 축하하는 글을 가져왔다. 어떤 사람이 私感으로 환관들을 통하여 그를 참소하였으므로 왕이 螺匠을 파견하여 그의 목을 쇠사슬로 묶어 잡아왔다.[45] 또 忠烈王代에 趙仁規가 군졸 介三을 시켜 남경에 백성 8명을 유인하여 수달피 잡는 집(獺戶)을 삼아서 문제를 일으킨 사건이 있었다. 즉, 해마다 수달피의 반은 敬成宮에 바치고 반은 仁規의 집에 들임으로써 그에 의지하여 국가의 부세를 피하는 자가 속출하였다. 이 사건과 관련하여 남경사록 이익방이 介三을 가두니 仁規가 '남경의 관리가 궁의 敎書를 찢어버렸다'고 참소하므로 공주가 노하여 이익방을 옥에 가두었다.[46]

앞에서 보듯 司錄參軍事는 거의 科擧에 급제하여 임용되고 있으며 장원급제한 사람도 있음이 주목된다.

5) 掌書記

掌書記로 임명된 사람으로는 韓惟忠이 있다. 韓惟忠(? ～ 毅宗 卽位年)의 자는 安石, 초명은 韓柱, 諡號는 敬烈이고, 청주관내의 大興郡 사람이다. 숙종 6년(1101) 사마시에, 동왕 9년(1104)에 科擧에 급제하여 掌書記에 임명되었다.[47] 同王 10년(1105)에는 을과에 합격하였다. 掌書記에 보임되어서는 일을 명백히 결단하여 이속들이 감히 그를 속이지 못하였다.

---

44) 『高麗史』 卷 109, 列傳 22 李伯謙傳.
45) 『高麗史』 卷 28, 世家 28 忠烈 元年 11月 癸丑.
46) 『高麗史』 卷 105, 列傳 18 趙仁規傳.
47) 李蘭暎, 『韓國金石文追補』, 1968, 114～115쪽.

재임 2년에 예종이 남행하여 그 정사의 아름다움과 3년 간의 업적을 칭찬하였으며, 일을 마치고 다시 서울로 돌아오자 왕이 내시에 소속시키라고 명하였다. 인종 11년(1133)에 송에 사은사로 다녀왔으며 2년 후인 동왕 13년(1135)에는 중군병마사로서 묘청의 난을 평정하기도 하였다. 知貢擧, 參知政事, 中書侍郎平章事, 太子少師 등에 제수되었다.[48]

또 서기를 지낸 사람으로 閔漬(高宗 35~忠肅王 13)가 있는데 자는 龍延, 본관은 驪興, 시호는 文仁이며 黃麗郡 사람이다. 평장사 令謨의 5대손이며, 祥正의 아버지이다. 원종 5년(1264)에 사마시에 합격하고 원종 7년(1266) 문과에 장원급제하여 祗候가 되었고, 충렬왕 5년(1279) 殿中侍御史를 거쳐 禮賓卿이 되었다. 외방에 나가 남경 서기를 맡았는데 樂軒 李侍中이 留守로 있으면서 신진으로 대우하지 않았다.

충선왕이 세자 때인 충렬왕 16년(1290) 鄭可臣과 함께 세자를 따라 원나라에 가서 翰林直學士朝列大夫의 벼슬을 받았다. 충렬왕 19년(1293)에 우부승선으로 왕과 공주와 함께 入元하여 일본정벌론을 잠재웠다.[49] 후에 集賢殿大學士僉光政院事가 되었고, 충선왕 초 僉議政丞에 이르러 사직하였다. 충숙왕 8년(1321) 다시 守政丞이 되었고, 驪興君에 봉해졌다.

1323년 駕洛君 許有全, 興寧君 金璘과 함께 원나라에 가서 충선왕의 환국을 청하는 表文을 지었다. 이 문장은 명문으로, 그 뜻이 간절하고 때로는 애통한 느낌이 들게 하였다. 그러나 원나라에 머무른 지 6개월이 되어도 瀋王 무리의 간계로 뜻을 이루지 못하였다.

---

48) 경기도사편찬위원회 편,『경기도사자료집』고려편Ⅳ,「한유충묘지명」, 1999, 21쪽.
49) 경기도사편찬위원회 편,『경기도사자료집』고려편 Ⅳ,「민지묘지명」, 1999, 77쪽.

3. 官員들에 대한 報酬와 服務規程

1) 祿　俸

『高麗史』卷 80 食貨志 34 祿俸 外官祿條에 의하면 문종대 제정된 祿科는 16科等으로 나뉘어져 있다. 당시 南京留守는 제3과 200석을 받아 西京留守보다 못한 대우를 받았다.

그 후 仁宗代의 更定 때 14등급으로 조정되면서 西京留守가 받는 제1과는 200石, 東京留守·南京留守가 받는 제2과는 166石 10斗로 지급받는 祿俸의 액수가 크게 줄고 있다.[50]

문종대의 祿俸은 <표 6>과 같다.

〈표 6〉外官祿(文宗代)

官　　職	祿　　俸
知西京留守	270 石
東京留守使	230 石
西京副留守·南京留守·8牧使·安西大都護	200 石
南京副留守·8牧副使	120 石
開城府使, 東·西·南京判官	86 石 10斗
東·西·南京司錄參軍事	46 石 10斗
東·西·南京掌書記	40 石

위의 내용에 의하면 南京留守는 西京留守보다 70석이나 낮은 대우를 받았고 南京副留守도 西京副留守보다 80석을 적게 받고 있어 南京官職이 西京官職보다 서열이 낮았음을 알 수 있다.

---

50) 『高麗史』卷 80, 志 34 食貨 3 祿俸 外官祿.

仁宗代 外官祿을 개정하였는데 문종대보다 南京留守가 받는 祿은 34석이 감소하였다. 이는 南京에 대한 관심이 약해진 까닭이 아닐까 생각된다. 그러나 東京留守와는 같은 대우를 받고 있어 남경과 동경은 같은 대우를 받았던 것을 알 수 있다. 인종대의 외관록은 <표 7>과 같다.

〈표 7〉 外官祿(仁宗代)

官　　職	祿　　俸
東 · 南京留守	166 石 10斗
東 · 西 · 南京判官	86 石 10斗
東 · 西 · 南京掌書記	40 石
東京 · 西京 · 南京 · 安北 · 安西都護府, 黃州 · 廣州 · 忠州 · 淸州 · 全州 · 羅州 · 晉州 · 尙州 · 龍州 등의 法曹	20 石

문종대 200石이던 남경유수의 祿이 166石 10斗로 줄고 있어 이로써 南京官職에 대한 대우가 점차 낮아지고 있음을 알 수 있다.

宣宗 5년(1088) 윤 12월에 제정된 녹봉의 지급 규정에 의하면 최소한 3개월 이상 근무하여야 半祿을 받으며 6개월 이상 근무했을 때 비로소 1년치 전액의 녹봉을 받도록 정하고 있다.

또한 관직에 임기가 차서 다른 관직으로 옮겨 가는 기간을 3년으로 하고 있다. 그러나 3년을 채우지 못하는 경우도 많고 고려 말에 가면 더욱 심해졌다.[51] 南京에 속한 관원도 그 적용을 받았을 것으로 추측해 볼 수 있다.

景宗代에 창설된 始定田柴科는 成宗 代를 거쳐 穆宗 元年(997) 12月에 개정을 보게 된다. 田柴科 수급자의 科等을 18科로 나누어 1과

---

51) 朴龍雲, 『高麗時代 官職 官階研究』, 高麗大學校出版部, 1997, 126~129쪽.

부터 18과에 이르기까지 차등을 두어 田柴 수급액을 규정하였다. 여기에 의거하면 開京尹은 제5과로 田地 80결, 柴地 50결을 받았다. 개경의 尹은 田柴의 혜택을 받고 있는 것이다. 그 이유는 개경은 수도로서 京官職에 속하였기 때문이다. 田柴의 혜택은 경관만 받고 외관은 받을 수 없었으므로 남경의 관원들에 대한 田柴의 지급은 물론 없었다. 문종 21년(1067)에 남경이 설치되고 문종 30년(1076)에 更定 田柴科가 제정되었으나[52] 남경관직에 대한 전시의 지급규정은 찾을 수 없다.

2) 出退勤 時間

남경유수의 출퇴근 시간에 대해서는 자료가 없다. 단지 경관의 출근 시간에 대해서만 기록이 있다.

고려 京官의 출근 시간은 巳時初(오전 9시경)였고 퇴근 시간은 酉時初(오후 5시경)였다. 그러나 해가 긴 계절에는 오전 7시경으로 출근시간이 당겨졌다. 考課를 위한 기준은 출퇴근 시간의 준수 여부와 給暇日數를 지키는 것이며 給暇는 1년에 100일을 넘기지 않는 것이 원칙이었다. 만약 100일을 넘기면 파직하도록 되어 있었다.[53]

南京의 관직도 그 범주를 벗어나지 않았을 것으로 생각된다. 조선시대 관원들이 아침 卯時(5~7시경)에 출근하여 저녁 酉時(5~7시경)에 퇴근하고, 해가 짧은 겨울에는 아침 辰時(7~9시경)에 출근하여 저녁 申時(3~5시경)에 퇴근한 것과 비교된다.[54]

52) 姜晉哲, 『高麗土地制度史研究』, 高麗大學校出版部, 1980, 39쪽.
53) 朴龍雲, 『高麗時代 官職 官階研究』, 高麗大學校出版部, 1977, 133쪽.
54) 元永煥, 『朝鮮時代 漢城府 研究』, 江原大學校出版部, 1990, 62쪽.

3) 謝禮 儀式

西京의 관리들이 직함을 받고 멀리서 謝禮하는 의식을 살펴 보면
南京 官吏의 사례의식도 이와 비슷하지 않았나 생각된다. 서경에서
散官의 직함을 받는 사람들이 長樂宮에 모여서 대궐을 향하여 再拜
하고 국왕에게 축복하고 절하고 춤추고 절한 다음 감사하다고 치사
하고 다시 절하고 춤추고 절하고 나서 새 직함을 칭하였다.[55]

지방관이 승급된 데 대해서 멀리서 사례하는 의식을 보면 南京의
관직종사자도 그와 같았을 것으로 생각된다. 그 날에 향로를 준비하
여 지방관은 향을 피우고 자리 끝에 다가서서 읍하고, 자리에 나아
와 재배하고 선자리에서 다시 재배한 후 무도하거나 앞으로 나서서
재배하고, 소매를 들고 무릎으로 기어 '지금 저에게 모직을 주시온
데 저는 그를 감당키 어려워 천만 황송합니다' 라고 말하고, 무릎으
로 기어 물러나서 머리를 숙이고 엎드렸다가 일어나 재배 무도하고
또 재배한 후 읍하고 나간다.[56]

南京의 관직 제수시도 그와 같지 않았을까 추측된다.

4) 服 色

光宗 11년(960) 3월에 百官의 公服을 규정하였는데 紫丹緋綠의 규

---

55) 『高麗史』 卷 68, 志 22 禮 10 西京官寮 加職遙謝儀.
　　西京 受散官者 會長樂宮 向闕再拜 奏聖體 拜舞拜訖 謝恩致詞 拜舞拜 稱
　　新衛.
56) 『高麗史』 卷 68, 志 22 禮 10 外官遙謝改衛儀.
　　其日 設香爐 外官上香 就席末 揖就席 再拜 不出行 再拜訖 舞蹈 或進步後再
　　拜 擧袖膝進云 今授某職 臣無任誠惶誠恐 膝退俛伏興 再拜舞蹈 又再拜揖出.

정에 따라 3품관 이상은 자색 옷을 입었으므로 南京留守는 자색옷을 입었을 것으로 추측된다.

　　西京留守는 尙書에 준하고 副留守는 3품에 준하며 그 이하는 각기 本品에 의거한다. 東京과 南京의 副留守, 大都護牧의 副使 이상은 紫色 옷에 金魚를 차고 (중략) 대체로 笏은 자색이나 진홍색 옷을 입은 자는 象牙로 만든 笏을, 녹색 옷을 입은 자는 나무로 만든 笏을 드는데 그 제작방법은 위는 꺾이고 아래는 네모이다.[57]

　金魚는 옷 위에 차는 물고기 모양으로 된 장식품이다. 직위에 따라 재료를 달리한 金魚·銀魚·銅魚·木魚 등이 있는데 이를 魚符라고 한다. 그러므로 南京留守는 자색옷에 붉은 띠를 띠고 金魚를 찼으며 象牙로 만든 笏을 들었을 것으로 추측된다. 南京副留守도 자색 옷을 입고 金魚를 차고 象牙로 만든 홀을 들었을 것으로 짐작된다.

　결론적으로 정리해보면 南京에는 留守(3품 이상) 1명, 副留守(4품 이상) 1명, 判官(6품 이상) 1명, 司錄參軍事(7품 이상) 1명, 掌書記(7품 이상) 1명, 法曹(8품 이상) 1명, 醫師(9품 이상) 1명, 文師(9품 이상) 1명을 두어 남경관직의 수는 8명이었다. 예종 11년(1116)에 判官은 少尹으로 변경되었고 忠烈王 34년(1308)에 漢陽府로 고치고 尹·判官·司錄 등을 두었다.

　南京留守는 고려시대 남경의 최고 관직으로서 3품 이상인 사람이 임명되었다. 南京尹·漢陽尹 등도 같은 관직이며 일정한 시기를 경계로 변화되고 있다. 문종 21년에 남경이 설치되었음에도 불구하고 문종대에 남경유수로 임명받은 사람은 기록에 보이지 않고 있다. 폐

---

57) 『高麗史』 卷 72, 志 26 輿服 公服.
　　西京留守 視尙書副留守 視三品以下 各依本品 東南京副留 大都護牧副使以上 服紫佩金魚 (中略) 凡笏 服紫緋者 以象 服綠者 以木 其制 上挫下方.

지할 때까지 단 1회의 임명도 없는 것으로 보아 문종 대의 남경관직
은 실제로 임명되지 않았던 것으로 보인다.

南京留守는 본래 文班이었으나 후기에는 武臣도 임명될 수 있었
고 兼職도 가능했던 것으로 보이며 남경은 때로는 좌천되는 貶黜地
이기도 하였던 것 같다. 즉, 漢陽尹은 왜적이 침입하였을 때 방어하
지 못하여 문책을 받았고, 다른 지역의 관직자로서 적을 막지 못함
으로 인하여 南京留守로 좌천되기도 한 경우 등을 들 수 있다.

南京副留守는 留守의 바로 아래 관직이었으며 判官은 6품 이상인
자를, 司錄參軍事는 7품 이상인 자 1명을 두었는데 거의 과거 급제
후 임용되고 있으며 장원급제한 사람도 있다. 司錄參軍事는 거의 科
擧에 급제하여 임용되고 있으며 장원급제한 사람도 있고 留守官掌
書記는 7품 이상인자 1명을 두었는데 門蔭에 의해서 임명받은 사례
도 발견되었다.

제Ⅳ장

南京의 領域

　高麗 肅宗代 南京의 범위는 『高麗史』에 명기되어 있어 그 영역을 대략 알 수 있다. 동쪽은 大峯, 서쪽은 岐峯, 남쪽은 沙里, 북쪽은 面嶽에 이르기까지를 그 범위로 규정하고 있는데1) 현재의 위치로는 駱山·仁王山·漢江·北岳을 의미한다. 그러나 동쪽은 낙산이 아니고 龍馬峯이라는 설도 있고 서쪽은 安山이라는 의견도 있다.

　그리고 文宗代에 있어서 남경궁궐의 위치가 기록되지 않았기 때문에 아직 그 위치를 정확히 알 수 없다. 이에 대하여 이병도가 언급하였으나 확실히 남경궁궐터를 알 수 있는 것은 아니므로 그에 대해 다시 살펴보고, 『高麗史』「地理志」에 屬郡·屬縣에 대한 언급이 있기 때문에 이에 대하여도 정리해 보고자 한다.

---

1) 『高麗史』卷 11, 世家 11 肅宗 7年 3月 庚辰.
　　中書門下奏 新作南京 度地必廣多奪民田 請據京緯令所說 或依山取勢 或約水表形 先以內從 山水形勢 東至大峯 南至沙里 西至岐峯 北至面嶽 爲界制可.

1. 文宗代 南京의 範圍

문종대의 남경궁궐은 왕 22년(1068)에 창건되었으나 그 흔적이 남아 있지 않다. 이는 숙종 때 南京遷都를 논의하면서 궁궐을 창건할 땅을 살펴보고 있는 것으로 보아 알 수 있다.[2] 만약 궁궐이 남아 있다면 수리를 한다거나 그 터에 다시 재건한다고 할텐데 완전한 신축을 논의하며 물색하고 있다. 그렇다면 문종대의 남경궁궐의 위치는 숙종대의 남경궁궐의 위치와 달랐던 것이 아닐까 의심해 볼 수 있다.

문종대 南京宮闕의 위치에 대해 李丙燾는

> 文宗은 어떠한 사정으로 인하여 南京을 두었는가. 또 南京의 어느 지점에 新宮을 건축하였는가 등의 사실에 대하여는, 일찍이 『東國文獻備考』의 편찬자는 「輿地考 宮室條」에 그 위치에 대하여 '未知文宗時所創者何宮 而與肅宗相宅之地 不是一處耶' 라고 하였으나, 후의 肅宗代의 장소와 일치했다고는 생각되지 않으며 다만 지금 서울부근임에는 틀림이 없을 것이다. 궁궐은 서울 남산 남쪽에 지은 것인지도 모르겠다.[3]

라고 하였다. 李丙燾는 문종대에 건설된 궁궐의 위치에 대하여 현재의 남산 남쪽으로 추측하고 있다.

문종대 남경궁궐의 위치를 추정해 볼 수 있는 용어는 『高麗史』의 「南京留守官 楊州」條의 기사 중 漢城地域·楊津·漢江·三角山 등이므로 차례로 검토하여 보기로 한다.

---

2) 『高麗史』 卷 11, 世家 11 肅宗 4年 9月.
   令宰臣日官等 議建南京于楊州.
3) 李丙燾, 앞의 책, 148~150쪽.

1) 漢城地域

한성의 위치를 추정해 보기 위해『高麗史』「地理志」에 수록되어
있는「南京留守官 楊州」條의 기사를 보면 다음과 같다.

　南京留守官 楊州는 원래 高句麗의 北漢山郡(南平壤城이라고도 한
다)인데 百濟의 近肖古王이 빼앗아서 25년(370)에 南漢山으로부터
이곳으로 수도를 옮겼다. 蓋鹵王 21년에 高句麗 長壽王(원문에는 慈
悲王으로 되어있으나 이는 장수왕의 誤刊임)이 군사를 거느리고 와
서 漢城을 포위하므로 蓋鹵王이 성을 벗어나 달아나다가 高句麗 군
사에게 살해당하였으며 이 해에 文周王이 수도를 熊津으로 옮겼다.
그 후 新羅 眞興王 15년(554)에 北漢山城에 이르러 국경을 정하였고
17년(556)에 北漢山州를 창설하여 軍主를 두었으며 景德王 14년(755)
에 개편하여 漢陽郡을 만들었다. 高麗 初에 다시 楊州로 고쳤으며
成宗 14년(995)에 처음으로 전국을 10개 道로 정하고 12개 州에 節度
使를 두면서 楊州를 左神策軍이라고 불러 海州와 함께 左右二輔로
삼아서 10개 道 중의 하나인 關內道에 소속시켰다. 顯宗 3년(1012)에
左右二輔와 12개의 節度使를 폐지하고 安撫使로 고쳤다가 동왕 9년
에는 知州事로 낮추었으며 文宗 21년(1067)에 南京留守官으로 삼고
이웃 群民을 이주시켜 살게 하였다.
　(중략) 忠烈王 34년(1308)에 漢陽府로 고쳤는데 廣陵(成宗이 정한
명칭이다)이라고도 부른다. 三角山(신라 때 負兒岳이라 하였다)·漢
江(沙平渡)·楊津(신라때 北瀆인 漢山河를 中祀로 올렸다)이 있다.
本州에 소속된 郡이 3개, 縣이 6개 있으며 관할 하에 都護府가 1개,
知事郡이 2개, 縣令官이 1개 있다.4)

좀더 자세히 상황을 살펴 보기 위하여 위의「南京留守官 楊州」條
의 내용을『三國史記』의 기사와 비교해 보면 蓋鹵王 21년 9월조에

---

4)『高麗史』卷 56, 志 10 地理 1 南京留守官 楊州.

高句麗王 巨璉이 군사 3만을 거느리고 와서 漢城을 포위하므로 왕
이 성문을 닫고 나가 싸우지 못하더니 (중략) 왕은 형세가 곤란하게
되어 기병 수십명을 데리고 성문 서쪽으로 나가 달아나려 하였더니
고구려 사람들이 쫓아와서 왕을 죽였다. (중략) 高句麗의 對盧 등이
군사를 거느리고 북쪽성을 친지 7일 만에 함락시키고 남쪽성으로 옮
겨와서 치매 성안이 위험에 빠지고 왕은 도망하여 나갔다. 고구려 장
수 桀婁 등이 왕이 말에서 내려 절하는 것을 보고 직접 왕의 낯을 향
하여 세 번 침을 뱉고 곧 죄목을 따진 다음 아차성 밑으로 묶어 보내
어 죽이게 하였다.5)

라고 하였다. 위의 내용에서 '북쪽성을 친지 7일 만에 함락시키고 남
쪽성으로 와서' 라는 기사에 의하면, 漢城은 북쪽성과 남쪽성으로
구성되어 있었으며, 북성은 7일 만에 함락시킬 정도로 평지가 아닌
난공불락의 요새에 있었던 것이 분명하다. 이러한 의견은 漢城에 대
한 金起燮의 논문에서도 보이고 있다.6) 이때 왕은 남쪽성에 있다가
도망하여 나아가다가 체포되었고, 고구려의 군사는 왕을 아차산성
밑에서 죽였다. 남쪽성인 하남위례성의 위치에 대하여는 의견이 매
우 많고 아직 확실히 밝혀지지 않았다.7)

---

5)『三國史記』卷 25, 百濟本紀 3 蓋鹵王 21年 9月.
　　麗王巨璉 帥兵三萬 來圍王都漢城 王閉城門 不能出戰 麗人分兵爲四道夾攻
　　又乘風縱火 焚燒城門 人心危懼 或有欲出降者 王窘不知所圖 領數十騎出門
　　西走 麗人追而害之 … 至是 高句麗對盧齊于 再曾桀婁 古爾萬年(再曾古爾
　　皆複姓)等 帥兵來攻北城 七日而拔之 移攻南城 城中危恐 王出逃 麗將桀婁
　　等 見王下馬拜 已向王面三唾之 乃數其罪 縛送於阿且城下戕之 桀婁 萬年本
　　國人也 獲罪逃竄高句麗.
6) 金起燮,「百濟 前期의 漢城에 대한 再檢討」『鄕土서울』55호, 서울特別市
　　史編纂委員會, 1995, 22쪽.
7) 世宗研究院,『河南市 校山洞一帶 文化遺蹟』, 1996, 28쪽. 이 글에 의하면 교
　　산동 건물유적지에 대해 향토사학자인 韓宗燮은 하남위례성 자리라고 주
　　장하고, 문화재연구소는 조선시대 廣州客舍址로 추정하였다. 그리고 향토
　　사학자들에 의해 백제의 기와로 보이는 파편과, 漢城이 위치하였던 한산에

楊廣道 기사에 의하면 한강 이북은 고구려 지역이며 그 이남은 백제지역이었다.[8] 물론 근초고왕 25년(370)에 남한성으로부터 북쪽성으로 옮긴 적은 있었다. 그리고 또 溫祚가 도읍할 때의 기사에 의하면

> 이곳 강물 남쪽 땅은 북으로 '漢水'를 띠었고 동으로 높은 산악에 의거하고 있으며 (중략) 溫祚는 河南慰禮城에 도읍을 정하였다.[9]

라고 하여 慰禮城의 북쪽 경계가 漢水, 즉 한강임을 보여주는데 이는 한강을 건너 남쪽에 위치하고 있음을 알게 해 준다. 溫祚 13년(B.C. 6)에 한수의 남쪽 토양이 비옥함을 보았으니 그곳으로 도읍을 정하여 영구히 편안할 계책을 도모하여야 하겠다고 하며, 한산 아래에 목책을 세워 위례성의 백성을 이주시켰다.[10] 그리고 한달 후에 영역을 확정하여 알리고 4개월 뒤인 同王 14년(B.C. 5) 정월에 도읍을 옮겼다.

그러므로 溫祚가 창업할 당시에 도읍을 정한 河南慰禮城과 14년에 옮긴 漢山과는 다른 위치임을 알 수 있다. 『高麗史』에는 稷山縣이 원래의 慰禮城이었다고 기록되어 있으며[11] 漢山과 漢城의 위치에 대하여 의견이 분분하나 한성을 춘궁리 일대(현재 경기도 하남시

있었다는 藥井寺의 기와편이 발굴되었다.
8) 『高麗史』 卷 56, 志 10 地理 1 楊廣道.
9) 『三國史記』 卷 23, 百濟本記 1.
  惟此河南之地 北帶漢水 東據高岳 南望沃澤 西阻大海 其天險地利 難得之勢
  作都於斯 不亦宜乎 沸流不聽 分其民 歸彌鄒忽以居之 溫祚都河南慰禮第.
10) 『三國史記』 卷 23, 百濟本記 1 溫祚 13年 7·8·9月.
  必將遷國 予昨出巡 觀漢水之南 土壤膏腴 宜都於彼 以圖久安之計 秋七月
  就漢山下立柵 移慰禮城民戶 八月 遣使馬韓告遷都 遂畫定疆場 北至浿河 南
  限熊川 西窮大海 東極走壤 九月 立城闕.
11) 『高麗史』 卷 56, 志 10 地理 1 稷山縣.
  백제의 한성과 한산, 위례성의 위치가 분명치 않고 그에 대한 의견도 분분한 상태이다.

춘궁동)로 추정하는 글도 있다.12)

阿且城은 長漢城·阿旦山城이라고도 하며 아차산 주위에 있고 돌과 흙으로 쌓은 흔적이 남아 있는데13) 아차산성으로 비정되기도 하며14) 한강 북쪽에 위치한다. 도성을 지키는 요새로서 百濟 責稽王이 고구려의 침입에 대비하여 阿且城과 蛇城을 수축하여 방비하게 하였다.15)

蛇城은 바람드리성·風納城·坪古城이라고도 하는데 풍납동 주위에 있는 길이가 4km에 달하는 토성이다. 처음에는 배암드리 또는 사성이라 하던 것이 바람드리성·풍납성으로 바뀌었고 평지에 있어서 坪古城이라 했다.16)

蛇城은 고구려의 침입을 막기 위하여 평지에 세워진 성이었고 백제의 漢城은 그 안쪽, 즉 한강의 남쪽에 위치하고 있었음을 짐작할 수 있다. 그리고 近肖古王 26년(371)에 漢山으로 도읍을 옮긴 기사17)에 의하면 북한산성이 있었음을 알 수 있다.18)

정영호는

강동구의 풍납토성과 몽촌토성·이성산성·삼성동 토성·광진구 광

---

12) 朴海玉,「百濟都城 漢城의 位置」『응용지리』17호, 성신여자대학교 응용지리연구소, 1994년 12월.
13) 한글학회,『한국지명총람』(서울편), 1965, 101쪽.
14) 京畿道史編纂委員會,『京畿道 歷史와 文化』, 1997, 53쪽.
    아차산성을 단양군 영춘면의 온달산성에 비정하거나 적성부근의 임진강 북쪽에 비정하는 견해도 있다.
15)『三國史記』卷 24, 百濟本紀 2 責稽王.
16) 한글학회, 위의 책, 116쪽.
17)『三國史記』卷 24, 百濟本紀 2 近肖古王 26年.
    高句麗擧兵來 王聞之伏兵於浿河上 俟其至急擊之 高句麗兵敗北 冬 王與太子 帥精兵三萬 侵高句麗攻平壤城 麗王斯由力戰拒之 中流矢死 王引軍退 移都漢山.
18) 聖能,『北漢誌』, 沿革, 1994.

　　장동 아차산성 등의 배치가 주의를 끌며 이밖에 주변 구릉의 작은 토
　성들도 관계 유적으로 주목된다. 고분에 있어서는 강동구의 방이동·
　가락동·석촌동(현재 송파구, 필자 주) 등지에서 20여기가 조사되었는
　데 (중략) 역시 이 지역 일대가 백제고도지임을 짐작케 하는 것이다.19)

라고 하여 강동구와 송파구·광진구 일대를 당시 백제의 도성으로
추정하였다. 즉, 결론적으로 추정되는 바를 정리해 보면 아차산성과
풍납성의 안쪽 지역인 한강 남쪽이 백제의 영역이었다. 또 다른 내
용으로는

　　한성시대의 백제의 영역을 백제의 중심지가 현재 몽촌토성이 있는
　강동구 이동(현재는 송파구 방이동임, 필자 주)을 중심으로 서울특별
　시 풍납동·가락동·방이동·석촌동·구의동·경기도 광주군 서부
　면 춘궁리 이성산성까지 직경 10km 범위 내임을 알 수 있다.20)

라고 하여 여기서도 漢城의 위치를 강동구·송파구·광진구·경기
도 하남시 춘궁동 일대로 보고 있다. 즉, 溫祚가 한강을 건너 稷山에
도읍한 후 온조 14년에 다시 한산 일대로 옮겼다가 近肖古王 26년
(371)에 북한산으로 옮긴 것으로 보인다. 그리고 아차산성·풍납토
성·몽촌토성 일대는 백제의 영역으로 南城과 북한산성의 北城을
다 포함한 넓은 지역을 경영하고 소유한 것으로 추정된다.
　이상에서 살펴 본 바에 의하면 백제의 漢城은 北城과 南城으로 이
루어져 있는데 北城의 위치에 대해 북한산성과 중랑구 일대, 그리고
세검정 등, 여러 의견이 분분하지만 자료를 검토해 본 결과 북한산
성이 가장 유력한 것 같다. 그리고 南城의 위치에 대해서도 남한산

---

19) 鄭永鎬, 「漢江流域의 古代文化」『鄕土서울』45호, 서울特別市史編纂委員
　　會, 1988, 207쪽.
20) 崔夢龍, 「문화유적으로 본 한강유역 - 선사시대에서 백제시대까지」『鄕土
　　서울』44호, 서울特別市史編纂委員會, 1987, 123쪽.

성, 몽촌토성, 경기도 하남시 교산동, 춘궁동 등이라고 하는 여러 의견이 있음을 검토해 보았다.

백제가 여러차례 도성을 옮겼기 때문에 하남위례성자리는 여러 곳으로 추정된다. 그러나 이상에서 자료를 검토해 본 결과 백제의 도성이 있었던 北城과 南城 모두 남경의 영역안에 있었음은 분명함을 확인할 수 있다.

2) 楊 津

廣州의 일명은 廣陵이었으며 다른 이름으로는 南漢山·漢山州·漢州·淮安·奉國郡이라고도 하였다.[21] 南京은 廣州지역도 포함하였음을 알 수 있다.

「南京留守官 楊州」기사에 '成宗 때 정한 명칭인 廣陵'이라는 지명이 나오며 徐居正의 『四佳詩集』7권 「廣陵村墅詩」에도 '廣陵의 가을 물색이 長江에 잇달았는데' 라고 하여 '廣陵'이라는 단어가 등장한다.

이 시는 조선시대의 인물인 서거정이 廣津을 자주 지날 때마다 주위의 산수풍경을 사랑하고 卜居閑適할 것을 생각하던 끝에 결국 숙원을 이루어 광나루에 집을 마련하였다는 것을 내용으로 하고 있다.[22] 광나루는 현재 광진교가 있는 자리로서 楊津이라고 하였고 강폭이 넓은 곳에 나루가 있다고 하여 생긴 이름인데 다음과 같은 자료에서 재확인할 수 있다.

한강물이 廣州 지경에 와서 度迷津이 되고 廣津이 되고 三田渡가 된다.[23]

21) 『邑誌』10 (京畿道), 亞細亞文化社, 1985, 618쪽.
22) 서울特別市史編纂委員會, 『洞名沿革攷』(城東區篇), 1981, 158쪽.
23) 『東國輿地承覽』卷 3, 漢城府 山川.

楊津은 일명 廣津이며 도미진 하류이다. 강원도 春州府의 소양강
과 충청도 충주의 金灘이 합하여 이 나루가 된다.24)

新羅 때에는 北瀆, 高麗 때는 楊津이라고 하다가 朝鮮에 들어와서
廣津·광나루라 하였다.25)

이와같이 楊津의 일명은 廣津이며26) 광나루·北瀆이라고도 하였
고 지금의 광장동에서 천호동으로 가는 나루였다. 현재 광진교가 있
는 곳이며 지금의 광진구와 강동구를 연결해 주었다. 성종 때 광릉이
라고 개칭한 명칭이 조선시대 서거정의 시에서 광나루일대를 지칭하
는 명칭으로 등장하는 것을 보면 광나루에 건설된 현재의 광진교 부
근 즉, 광진구 일대도 南京의 영역에 속하였음을 확인할 수 있다.

3) 漢 江

漢江은 高麗 때는 冽水라고 하였으며 漢水라고도 했다. 지금의 뚝
섬에서 옥수동 앞강을 東湖, 한남동 앞강을 漢江이라 하였고, 동작
동 앞강을 동작강, 노량진 앞강을 노들강이라 하였으며, 용산 앞강
을 용호·용산강, 마포 앞강을 마포강으로 지칭하기도 하였고, 서강
앞강을 서강, 김포 북쪽 강을 祖江이라 불렀다.27)

『高麗史』「地理志」「南京留守官 楊州」條 기사에 나오는 '漢江'은
沙平院에 있었던 沙平나루를 의미하는데 沙平院은 한강의 남쪽 기
슭에 있었다.28) 즉, 沙平은 신사동 앞에 있는 모래벌이었고29) 사평

---

24)『邑誌』(京畿道), 亞世亞文化社, 1985, 4쪽.
25) 한글학회, 앞의 책, 101쪽.
26) 서울特別市史編纂委員會,『同名沿革攷』(城東區篇), 1981, 153쪽.
27) 한글학회, 앞의 책, 26쪽.
28)『新增東國輿地勝覽』卷 6, 廣州.
29) 한글학회, 앞의 책, 111쪽.

나루가 있었던 곳은 현재의 강남구 신사동 지역이다. 즉, 사평나루
는 한남동과 신사동을 이어주는 나루였으며 여기서의 '漢江'은 현재
의 한강을 지칭하는 용어가 아니라 沙平나루를 의미한다.

즉, 漢江津은 현재의 한남동과 신사동을 연결하는 나루[30]였고 지금
의 용산구 한남동 일대도 南京의 영역에 속하였음을 확인할 수 있다.

4) 三角山

三角山은 仁壽·白雲·萬景의 세 봉우리가 있는데, 깎아 세운듯
이 우뚝 솟은 모양이 마치 세 개의 뿔과 같으므로, 삼각산이라는 이
름을 붙였다. 華山 또는 華嶽이라고도 부른다.

우리나라의 산세는 백두산에서 시작하여 平康의 분수령에 이르러
서쪽으로 한줄기 지맥이 뻗어나가, 연봉이 중첩하고 기복이 이어지
다가 양주 서남쪽에 이르러 도봉산이 되는데, 이 산은 바로 서울의
鎭山이기도 하다.[31] 양주의 남쪽 30리에 있고 佛谷山에서 나온 산이
다. 불곡산은 양주 북쪽 3리에 있는 鎭山 天寶山에서 뻗은 산이다.[32]
숙종 대에 도봉산 밑의 盧原驛을 천도지역으로 둘러 보았음[33]이 근
거있는 일이었음을 보여준다. 이 삼각산은 신라 때는 負兒嶽이라고
도 불렀는데 북한산을 말한다.

그러므로 南京地域은 북한산·양진·한강진을 포함한 지역 즉,
현재의 도봉구·종로구·용산구·중랑구·광진구일대를 포함했음
을 알 수 있다. 이는 숙종대 규정된 남경의 동쪽 경계가 駱山보다 더

---

30) 한글학회, 앞의 책, 191쪽.

31) 聖能,『北漢誌』, 山谿, 1994.

32) 『邑誌』(京畿道), 亞細亞文化社, 1985, 4쪽.

33) 『高麗史』卷 11, 世家 11 肅宗 6年 10月 乙未. II장 南京의 設置 中 註 56)
   참조.

나아가 龍馬峰까지 확대됨을 보여준다. 그리고 남경의 범위는 숙종대에 정한 남경의 범위보다 더 넓었음을 확인할 수 있다.[34]

2. 肅宗代 南京의 範圍

肅宗 元年에 다시 남경건설에 대한 의견이 거론되었다. 숙종대 남경의 범위는 『高麗史』에서 언급하고 있다. 숙종대에는 동쪽으로 '大峯', 남쪽으로 '沙里'까지 라고 규정하여 한강을 경계로 하여 범위를 축소하였다.[35]

김위제는 '삼각산 남쪽 목멱산 북쪽 평지'[36]라고 남경의 위치를 규정하고 있어 숙종대의 남경은 그 범위를 짐작할 수 있다. 그리고 숙종대는 남경의 범위가 많이 축소되고 있음을 알 수 있는데 이는 백성들의 농토를 많이 빼앗지 않기 위한 의도가 있지 않았나 짐작된다. 그리고 남쪽은 한강을 경계로 하였음을 알 수 있다. 肅宗代의 남경궁궐의 위치를 짐작하게 해주는 글을 『朝鮮王朝實錄』[37]에서 찾을

---

34) 발굴이 완전히 이뤄지지 않고 한성의 위치도 불분명한 시점에서 단정할 수는 없지만 문종대의 궁궐은 京畿道 河南市 일대에 위치하지 않았을까 추측된다. 향토사학자들에 의해 백제의 기와편과 함께 魚骨紋이 있는 고려의 기와편이 경기도 하남시 교산동에서 발견되었다. 1996년 세종대학교 박물관에서 발간한 『교산동 유적 발굴조사 보고서』에 의하면 가로 69m, 세로 16.6m의 장방형건물 3채의 초석이 발견되었는데 건물의 용도에 대하여는 밝혀진 바가 없다. 이를 고려의 사찰지로 보는 견해도 있으나 필자는 이곳이 문종대의 남경궁궐지가 아니었을까 추측해 본다. 앞으로 더 많은 검토가 요청된다.

35) 『高麗史』卷 11, 世家 11 肅宗 7年 3月 庚辰.
　　中書門下奏 新作南京 度地必廣多奪民田 請據京緯令所說 或依山取勢 或約水表形 先以內從 山水形勢 東至大峯 南至沙里 西至岐峯 北至面嶽 爲界制可.

36) 『高麗史節要』卷 6, 肅宗 元年 8月.

수 있는데, 그를 통해 볼 때 숙종대 궁궐의 위치는 조선의 궁궐터 보다 북쪽에 있었던 것으로 생각된다.

위에서 살펴본 바와 같이 남경은 百濟의 漢城地域이었고, 廣陵이라고도 불리었으며, 三角山·漢江津·楊津이 있는 곳이었다. 또한, 문종대 남경의 영역은 숙종대 남경의 영역과는 달랐던 것으로 추측되며 문종대 남경의 범위가 숙종대에 명시된 지역보다는 넓은 지역이었던 것으로 짐작된다. 기존에 주장된 문종대 남경궁궐의 위치가 남산 남쪽[38]이라는 의견과는 그 위치가 다르므로[39] 앞으로 더 많은 구체적인 검토가 필요할 것이다.

3. 南京 所屬 郡縣

「南京留守官 楊州」條의 기사에 의하면 양주는 楊廣道에 속해 있고 屬郡이 3개, 屬縣이 6개 있으며 관할 하에 安南都護府가 1개, 知事郡이 2개, 縣令官이 1개 있다.[40] 屬郡으로는 交河·見州·抱州가 있고 屬縣으로는 峰城·高峯·深岳·豊壤·沙川이 있다.

楊州 즉, 남경지역에 직할지 또는 관할지로 소속되어 통제를 받는 지역은 현재의 서울지방을 중심으로 楊州·抱川·坡州·高陽·江華·金浦·仁川·富川·始興·華城·平澤·安成 등을 포함하는 지역으로서 현 경기도의 반 이상을 차지하는 면적이다. 南京은 西京·東京과 더불어 지방행정상 최고의 단위였던 것이다.

---

37) 『朝鮮王朝實錄』太祖實錄 卷 6, 太祖 3年 9月 丙午. Ⅱ장 南京의 設置, 註 58) 참조.
38) 李丙燾, 앞의 책, 150쪽.
39) 註 34) 참조.
40) 『高麗史』卷 56, 志 10 地理 1 南京留守官 楊州.

그러나 다른 의견도 있다. 楊州와 그 領郡縣이었던 樹州·仁州·水州·江華 등과의 관계는 「地理志」의 道制와 마찬가지로 단순히 「地理志」 찬자에 의해 편성된 행정계통상의 형식적인 관계였을 뿐 양자간에 실질적인 관계는 전혀 없었던 것으로 보는 견해이다.[41]

1) 屬 郡

고려시대에는 모든 州·府·郡·縣에 外官을 파견한 것이 아니라 중요한 지역에 한해서 외관을 파견하였다. 領郡과 領縣에는 외관을 파견하였으나 屬郡·屬縣에는 외관을 파견하지 않았다. 남경의 속군은 다음과 같다.

(1) 交 河

원래 高句麗의 泉井口縣(屈火郡, 於乙買串이라고도 함)인데 新羅 景德王이 交河로 고쳤다. 顯宗 9년(1018)에 楊州에 소속되었고 宣城이라고도 하였는데 예전의 寶薪鄉이다. 明宗 2년(1172)에 監務를 두었으며 同王 13년(1173)에 瑞原縣으로 고쳤다.[42] 朝鮮時代 太宗 13년(1413)에 原平郡에 예속되었다가 世祖 6년(1460)에 坡州로 바뀌었다. 英祖 9년(1733) 交河縣이 交河郡으로 되었으며 高宗 建陽元年(1896)에 관제개혁으로 인하여 坡州郡으로 개칭되었다. 1996년 市로 승격된 현재의 京畿道 坡州市이다.[43]

---

41) 朴宗基, 『高麗時代 部曲制 研究』, 서울大學校出版部, 1991, 88쪽.
42) 『高麗史』 卷 56, 志 10 地理 1 交河郡.
43) 京畿道, 『地名由來集』, 1987, 485쪽.

(2) 見 州

원래 高句麗의 買省郡(昌化郡이라고도 한다.)인데 新羅 景德王이 來蘇郡으로 고쳤다. 고려 초에 見州라 하였고 顯宗 9년(1018)에 楊州에 소속시켰다가 후에 監務를 두었다.[44] 조선시대에 楊州郡이라 하였고 대한제국기까지 이어지다가 議政府市·東豆川市·楊州郡·南楊州郡으로 나뉘었다. 현재의 京畿道 楊州郡이다.[45]

(3) 抱 州

고구려의 馬忽郡(命旨라고도 한다)인데 신라 景德王은 堅城郡으로 고쳤다. 고려초에 抱州로 고치고 成宗 14년(995)에 團練使를 두었다가 穆宗 8년(1005)에 이를 없앴으며 顯宗 9년(1018)에 楊州에 소속시켰다. 明宗 2년(1172)에 監務를 두었는데 淸化라고도 불렀다.[46] 그 후 조선시대와 대한제국기를 거치면서 抱川郡이 되었고 현재도 京畿道 抱川郡이다.[47]

이상 3개의 속군을 정리하면 <표 8>과 같다.

<표 8> 屬 郡

名 稱	高句麗	新 羅	高麗初	顯宗 9年	現 在
交 河	寶薪鄕·泉井口縣	交河郡	交 河	楊州 所屬	坡 州
見 州	買省郡(昌化郡)	來蘇郡	見 州	楊州 所屬	楊 州
抱 州	馬忽郡(命旨)	堅城郡	抱 州	楊州 所屬	抱 川

---

44)『高麗史』卷 56, 志 10 地理 1, 見州.
45) 京畿道,『地名由來集』, 1987, 195쪽.
46)『高麗史』卷 56, 志 10 地理 1, 抱州.
47) 京畿道,『地名由來集』「京畿道 主要 地名 變遷 一覽表」, 1987.

2) 屬 縣

속현은 지방관이 파견되지 않았던 지방행정구역이다. 屬府·屬
邑·屬縣의 총칭으로, 管內·任內·兼縣·合屬縣·附邑·支縣 등으
로 기록되어 있기도 하다. 행정상으로는 주현을 통해 중앙정부의 간
접지배를 받았다.

고려 초기에 처음 나타났으며 지방제도의 큰 특징이다. 고려가 기
존의 지방 호족들 사이의 세력관계를 그대로 인정하고 대호족의 세
력권을 주현으로, 그에 복속해 있던 중소 호족의 세력권을 속현으로
각각 개편하였다.

이에 의하면 주현과 속현의 관계는 단순히 행정적인 것이 아니라
호족간의 신분적 위계를 반영하는 것이며, 군현제의 편성이 신분적
질서 위에서 이루어지고 있다.

『高麗史』「地理志」에 의하면, 고려 전기에 주현이 130개이었는데
비해 속현은 374개로 훨씬 많은 수를 차지하였다. 이같이 많은 속현
은 중간기구의 부재 및 부곡의 존재와 함께 고려시대 지방제도의 특
성이자 미숙성의 근거로 지적되었다.[48]

이에 예종 1년(1106)부터 속현에 監務를 파견해 주현으로 승격시
키는 등 속현을 줄이기 위한 정책을 꾸준히 실시하였다. 그 결과 고
려 말에 이르면 전국의 174군현에 감무가 파견되고, 속현도 약 160
개 정도로 감소하였다.[49]

---

48) 邊太燮,「槪要」『한국사』5, 1974, 5~6쪽.
　　「高麗時代 地方制度의 構造」『國史館論叢』1, 1989, 61~65쪽.
　　朴宗基,『고려의 지방사회』, 푸른역사, 2002.
49) 이에 대해서는 다음과 같은 논문들이 있다. 高麗前期의 外官制－地方機構
　　의 行政體系－(邊太燮, 韓國史研究 2, 1968 ; 高麗政治制度史研究, 一潮閣,
　　1971), 朝鮮初期郡縣制整備에 대하여(李樹健, 嶺南史學 1, 1971 ; 韓國中世

남경의 속현으로는 다음과 같은 현들이 있다.

(1) 幸 州

원래 고구려의 皆伯縣인데 신라 景德王은 遇王(王逢이라고도 하였음)으로 고치고 漢陽郡의 관할 하에 縣으로 만들었다. 고려초에 幸州로 고쳤으며 顯宗 9년(1018)에 楊州에 소속시켰다. 별호는 德陽이고[50] 현재의 京畿道 金浦市이다.[51]

(2) 峯 城

원래 고구려의 述彌忽縣인데 신라 景德王이 峯城縣으로 고쳐서 交河郡의 領縣으로 삼았고 고려 顯宗 9년(1018)에 양주에 소속시켰으며 明宗 2년(1172)에 監務를 두었다가 禑王 13년(1387)에 瑞原縣으로 고쳤다.[52] 조선시대에 와서 坡州郡으로 하였고 대한제국기에도 파주였으며 현재 京畿道 坡州市이다.[53]

(3) 高 峯

원래 고구려의 達乙省縣인데 신라 경덕왕이 지금 명칭으로 고쳐서 교하군의 領縣으로 삼았다. 현종 9년(1018)에 고봉현으로 불렀으며 양주에 소속시켰다.[54] 조선과 대한제국기에는 고양군이었고 현

社會史研究, 一潮閣, 1984), 新羅下代의 城主·將軍(尹熙勉, 韓國史研究 39, 1982), 高麗의 郡縣制度와 地方統治政策－主·屬縣考察을 중심으로－(李義權, 高麗史의 諸問題, 三英社, 1985), 高麗太祖代 郡縣의 來屬關係 形成(金甲童, 韓國學報 52, 1988).

50)『高麗史』卷 56, 志 10 地理 1, 幸州.
51) 京畿道史編纂委員會,『京畿道誌』上, 1955, 182쪽.
52)『高麗史』卷 56, 志 10 地理 1, 楊州.
53) 京畿道,『地名由來集』「京畿道 主要 地名 變遷 一覽表」, 1987.

재 京畿道 高陽市이다.[55]

(4) 深 嶽

옛날의 寶薪鄕으로서 현종 9년에 深嶽縣으로 부르고 이 때부터 양주에 소속시켰다.[56] 현재의 경기도 고양시이다.

(5) 豊 壤

고구려의 骨衣奴縣인데 신라 景德王은 荒壤으로 고쳐서 한양군의 관할 하에 현으로 만들었다. 고려 초에 풍양현으로 고쳤다가 현종 9년에 그대로 양주에 소속시켰고 후에 抱州에 소속시켰다.[57] 현재의 京畿道 楊州郡이다.

(6) 沙 川

원래 고구려의 內乙買縣(內爾米라고도 한다)인데 신라 景德王이 지금 명칭으로 고쳐서 堅城郡의 관할현으로 만들었다. 현종 9년에 양주에 소속시켰으며[58] 현재의 京畿道 楊州郡이다.[59]

이상 6개의 속현을 정리하면 <표 9>와 같다.

---

54) 『高麗史』 卷 56, 志 10 地理 1, 高峯縣.
55) 京畿道, 『地名由來集』 「京畿道 主要 地名 變遷 一覽表」, 1987.
56) 『高麗史』 卷 56, 志 10 地理 1, 深嶽縣.
57) 『高麗史』 卷 56, 志 10 地理 1, 楊州.
58) 『高麗史』 卷 56, 志 10 地理 1, 楊州.
59) 京畿道, 『地名由來集』 「京畿道 主要 地名 變遷 一覽表」, 1987.

〈표 9〉屬 縣

名　稱	高句麗	新羅 景德王	高麗初	顯宗 9年	現　在
幸州縣	皆伯縣	遇　王	幸　州	楊　州	金　浦
峯城縣	述彌忽縣	峯城縣	瑞原縣	坡　州	坡　州
高峯縣	達乙省縣	高峯縣	高峯縣	高　峯	高　陽
深嶽縣	寶薪鄕			深　嶽	高　陽
豊壤縣	骨衣奴縣	荒　壤	豊　壤	楊　州	楊　州
沙川縣	內乙買縣	沙川縣	沙　川	楊　州	楊　州

3) 安南都護府 樹州

본래 高句麗의 主夫吐郡으로 新羅 景德王이 고쳐서 長提郡으로 삼
았고 고려초에 樹州로 고쳤고 成宗 14년(995)에 團練使를 두었다가
穆宗 8년(1005)에 이를 없앴으며 顯宗 9년(1018)에 知州事로 고쳤다.
毅宗 4년(1150)에 安南都護府로 삼았으며 高宗 2년(1215)에 桂陽都護
府로 고쳤고 忠烈王 34년(1308)에 吉州牧으로 승격시켰다가 忠宣王 2
년(1310)에 富平府로 되었다. 소속현이 6개이며[60] 조선시대와 대한제
국기에는 富平郡이었고 현재는 仁川 北區와 京畿道 富川市이다.[61]
樹州의 속현에 대하여 정리해 보기로 하겠다.

(1) 衿 州

원래 高句麗의 仍伐奴縣인데, 新羅 景德王은 穀壤으로 고쳐서 栗
津郡 관할 하의 縣으로 만들었다. 高麗初에 지금 명칭으로 고쳤고 成
宗 14년(995)에 團練使를 두었으며 穆宗 8년(1005)에 이를 없앴다가
顯宗 9년(1018)에 본 樹州에 소속되었다. 始興이라고도 부르며 楊花

---

60)『高麗史』卷 56, 志 10 地理 1, 安南都護府 樹州.
61) 京畿道,『地名由來集』「京畿道 主要 地名 變遷 一覽表」, 1987.

渡가 있다.62) 朝鮮時代에도 始興郡이었으며 현재 京畿道 安養市·光
明市·始興市, 서울시 금천구·관악구 등으로 분산, 포함되었다.63)

(2) 童城縣

원래 고구려의 童子忽縣(일명 幢山縣인데 仇斯波衣라고도 한다)
인데 新羅 景德王이 지금 명칭으로 고쳐서 長堤郡의 관할현으로 만
들었다. 고려에서도 그대로 소속시켰으며 恭讓王 3년(1391)에 通津
監務를 두면서 그 소속현으로 되었다.64) 현재의 京畿道 金浦市 通津
面이다.65)

(3) 通津縣

원래 고구려의 平淮押縣인데 신라 景德王이 分津이라 하고 長堤郡
의 관할현으로 만들었다. 고려에 와서 통진으로 고치고 樹州에 소속
시켰다.66) 조선시대에는 통진군이었고 대한제국기에는 金浦郡 陽村
面·大串面·月串面에 편입되었고 현재는 경기도 김포시이다.67)

(4) 孔巖縣

원래 고구려의 齊次巴衣縣인데 신라 景德王이 공암현으로 고쳐서
栗津郡의 관할현으로 만들었다. 顯宗 9년에 수주에 소속시켰으며 忠
宣王 2년(1310)에 陽川縣으로 고치고 縣令을 두었다.68) 현재의 서울

---

62)『高麗史』卷 56, 志 10 地理 1, 衿州.
63) 京畿道,『地名由來集』「京畿道 主要 地名 變遷 一覽表」, 1987. 시홍군은
　　衿果·衿陽·衿川 등으로도 불리었다.
64)『高麗史』卷 56, 志 10 地理 1, 童城縣.
65) 京畿道,『地名由來集』「京畿道 主要 地名 變遷 一覽表」, 1987.
66)『高麗史』卷 56, 志 10 地理 1, 安南都護府 樹州.
67) 京畿道,『地名由來集』「京畿道 主要 地名 變遷 一覽表」, 1987.

특별시 양천구·강서구이다.[69]

(5) 金浦縣

원래 고구려의 黔浦縣인데 신라 景德王이 지금 명칭으로 고쳐서 장제군의 관할 하에 현으로 만들었다. 顯宗 9년에 그대로 본주에 소속시켰고 神宗 元年(1197)에 왕의 胎가 이 현에 묻혀 있다는 이유로 縣令官으로 승격시켰다.[70] 조선시대와 대한제국기, 현재에 이르기까지 경기도 김포시이다.[71]

(6) 守安縣

원래 고구려의 首爾忽인데 신라 景德王이 戍城으로 고쳐서 장제군의 관할현으로 만들었다. 고려에서도 그대로 소속시켰고 공양왕 3년(1391)에 비로소 통진현 소속으로 되게 하였고[72] 조선시대에 통진현이었고 대한제국기에는 김포군이었으며 현재 경기도 김포시이다.[73]

이상 6개의 속현을 정리하면 <표 10>과 같다.

<표 10> 安南都護府 樹州

名　稱	高句麗	新羅 景德王	高麗初	顯宗 9年	現　在
衿州縣	仍伐奴縣	穀壤縣·栗津郡 管轄	衿　州	樹州 所屬	安養·光明·始興
童城縣	童子忽縣	童城縣·長堤郡 管轄	長堤郡	通津 所屬 (恭讓王3年)	通　津

---

68)『高麗史』卷 56, 志 10 地理 1, 樹州.
69) 京畿道,『地名由來集』「京畿道 主要 地名 變遷 一覽表」, 1987.
70)『高麗史』卷 56, 志 10 地理 1, 樹州.
71) 京畿道,『地名由來集』「京畿道 主要 地名 變遷 一覽表」, 1987.
72)『高麗史』卷 56, 志 10 地理 1, 樹州.
73) 京畿道,『地名由來集』「京畿道 主要 地名 變遷 一覽表」, 1987.

名　稱	高句麗	新羅 景德王	高麗初	顯宗 9年	現　在
通津縣	平津押縣	分津·長堤郡 管轄	通　津		金　浦
孔巖縣	齊次巴衣縣	孔巖縣·栗津郡 管轄		樹州 所屬	양천·강서
金浦縣	黔浦縣	金浦縣·長堤郡 管轄	金浦縣	樹州 所屬	金　浦
守安縣	首爾忽	戍城·長堤郡 管轄			金　浦

4) 知事郡

(1) 仁　州

원래 고구려의 買召忽縣인데 신라 景德王이 邵城으로 고쳐서 栗津郡의 관할현으로 만들었다. 현종 9년에 樹州 관하에 소속시켰으며 숙종 때에 어머니 仁睿太后 이씨의 內鄕이라는 이유로 慶源郡으로 승격시켰다. 인종 때에는 어머니 順德王后의 內鄕이라는 이유로 지금 명칭으로 고쳐서 知州事를 두었고 恭讓王 2년(1390)에 慶源府로 승격시켰다. 소속도서는 紫燕島·木島·流島 등이 있으며 본주에 소속된 군이 1개, 현이 1개 있다.[74] 1895년에 인천부로 되고 1949년 인천시로 되었으며 1995년에 인천광역시가 되었다.[75]

① 唐城郡

원래 고구려의 唐城郡인데 신라 景德王이 唐恩郡으로 고쳤다. 고려 초에 옛 명칭으로 고쳤으며 현종 9년(1018)에 水州의 소속군으로 되었다가 충렬왕 16년(1290)에 홍다구의 내향이라는 이유로 知益州事로 승격시켰다. 또 승격시켜 江寧都護府로 되었고 同王 34년에 다시 승격시켜 益州牧으로 되었다. 忠宣王 2年(1310) 전국의 牧이 폐지

---

74) 『高麗史』 卷 56, 志 10 地理 1, 仁州.
75) 內務部, 『地方行政區域要覽』, 1996, 361~364쪽.

됨에 따라 낮추어서 南陽府로 되었다. 소속도서는 大部島·小牛島·仙甘彌島·靈興島·召勿島·承黃島·仁物島·伊則島·雜良串島·沙也串島·難知島·木力島 등이 있다.[76] 일제시대에는 수원군으로 통합되었으며 1949년에 수원군 수원읍이 수원시로 승격되자 수원읍을 뺀 수원군을 화성군이라 하고 현재 京畿道 華城郡 南陽面이 되었다.[77]

② 載陽縣

옛날의 安陽縣으로서 현종 9년에 재양현으로 부르고 水州 관하에 속하였다가 후에 仁州에 소속시켰다.[78] 현재의 경기도 화성군 남양면이다.[79]

(2) 水 州

원래 고구려의 買忽郡인데 신라 景德王이 水城郡으로 고쳤다. 고려 太祖가 남방을 정벌할 때 이 郡 사람인 金七·崔承珪 등 200여 명이 귀순하여 협력하였으므로 그 공로로 하여 水州로 승격시켰다. 成宗 14년(995)에 都團練使를 두었다가 穆宗 8년(1005)에 없앴으며 顯宗 9년에 知州事로 다시 고쳤다. 元宗 12년(1271)에 筆梁 주둔 몽고 군사들이 大部島에 침입하여 그 곳 주민들을 약탈하였으므로, 섬 사람들이 격분하여 원한을 품고 몽고군사들을 살해하고 폭동을 일으키자, 副使 安悅이 부대를 동원하여 폭동군을 진압하였는데, 그 공로로 하여 水原都護府로 승격시켰다. 후에 또 승격시켜 水州牧으로 되었다가 忠宣王 2년에 전국의 牧이 폐지됨에 따라 낮추어서 水

---

76) 『高麗史』卷 56, 志 10 地理 1, 唐城郡.
77) 京畿道, 『地名由來集』, 1987, 27쪽.
78) 『高麗史』卷 56, 志 10 地理 1, 載陽縣.
79) 內務部, 『地方行政區域要覽』, 1996, 618쪽.

原府로 되었다. 恭愍王 11년(1362)에 紅賊이 선봉부대를 파견하여 楊廣道 내 각 주·군에 항복할 것을 권유하였을 때, 이 府 사람들이 맨 먼저 적을 맞아들여 항복하였으므로 낮추어 郡으로 되었는데, 이 郡 사람들만 宰臣 金鏞에게 많은 뇌물을 주어 府로 고치게 되었다. 漢南 혹은 隋城으로도 부르는데 소속된 縣이 7개 있다.[80] 현재의 경기도 수원시이다.[81]

① 安山縣

원래 고구려의 獐項口縣인데 신라 景德王이 獐口郡으로 고쳤다. 고려초에 安山郡으로 고쳤고 忠烈王 34년(1308)에 문종이 탄생한 곳이라는 이유로 知郡事로 승격시켰다.[82] 현재의 경기도 안산시이다.[83]

② 永新縣

五朵 또는 永豊이라고도 한다. 현종 9년에 楊州에 소속시켰다.[84] 현재의 서울특별시 양천구이다.

③ 雙阜縣

옛날의 六浦로서 현종 9년에 본주에 소속시켰다.[85] 현재의 경기도 수원시이다.

④ 龍城縣

원래 고구려의 上忽縣인데 신라 景德王은 車城으로 고쳐서 唐恩郡의 관할 하에 현으로 만들었다. 고려초에 지금 명칭으로 고쳐서 현종 9년에 본주에 소속시켰다.[86] 현재의 경기도 수원시이다.

---

80)『高麗史』卷 56, 志 10 地理 1, 水州.
81)『高麗史』卷 56, 志 10 地理 1, 水州.
82)『高麗史』卷 56, 志 10 地理 1, 安山縣.
83) 內務部,『地方行政區域要覽』, 1996, 557쪽.
84)『高麗史』卷 56, 志 10 地理 1, 水州.
85)『高麗史』卷 56, 志 10 地理 1, 雙阜縣.
86)『高麗史』卷 56, 志 10 地理 1, 水州.

⑤ 貞松縣

옛날의 松山部曲으로서 현종 9년에 貞松縣으로 부르고 水州에 소속시켰다.[87] 현재의 경기도 수원시이다.

⑥ 振威縣

원래 고구려의 釜山縣인데 신라 景德王이 지금 명칭으로 고쳐서 水城郡의 관할 하에 현으로 만들었다. 고려에서도 그대로 소속시켰고 후에 縣令官으로 승격시켰다.[88] 조선시대와 대한제국기에 振威郡이라 하였고 현재 京畿道 平澤市이다.[89]

⑦ 陽城縣

원래 고구려의 沙伏忽인데 신라 景德王은 赤城으로 고쳐서 白城郡의 관할 하에 현으로 만들었다. 고려초에 陽城縣이라 하고 顯宗 5년에 水州에 소속시켰다.[90] 조선시대에는 계속 陽城郡이라 하다가 대한제국기에 安城郡 陽城面이 되고 현재 경기도 安城郡이다.[91]

이상 知事郡 현들을 정리하면 다음 <표 11>과 같다.

〈표 11〉知事郡

名 稱	高句麗	新羅景德王	顯宗 9年	肅宗	仁宗	恭讓 2年	現在
仁州	買召忽縣	邵城·栗津郡 管轄	樹州 管下 所屬	慶源郡	仁州	慶源府	仁川
唐城郡	唐城郡	唐恩郡	水州所屬	監務設置 (明宗2年)	知益州事로 昇格 (忠烈16年)	益州牧·南陽府 (忠宣2年)	南陽
載陽縣	安陽縣		載陽縣				

---

87) 『高麗史』卷 56, 志 10 地理 1, 水州.
88) 『高麗史』卷 56, 志 10 地理 1, 水州.
89) 內務部,『地方行政區域要覽』, 1996, 546쪽.
90) 『高麗史』卷 56, 志 10 地理 1, 水州.
91) 內務部,『地方行政區域要覽』, 1996, 635쪽.

名　稱	高句麗	新羅景德王	顯宗 9年	肅宗	仁宗	恭讓 2年	現在
水州	買忽郡	水城郡	知奏事	都團練使 設置 (成宗14年)	穆宗8年 없앰	水原都護府 (元宗12年)· 水原府 (忠宣2年)	水原
安山縣	獐項口縣	獐口郡	安山郡	知郡事로 昇格 (忠烈34年)			安山
永新縣	五朶·永豊		楊州 所屬				陽川
雙阜縣	六浦		水州 所屬				水原
龍城縣	上忽縣	車城·唐恩 郡 管轄	龍城縣· 水州 所屬				水原
貞松縣	松山部曲		貞松縣· 水州 所屬				水原
振威縣	釜山縣	振威縣· 水城郡 管轄		監務設置 (明宗2年)	縣令官 으로 昇格		平澤
陽城縣	沙伏忽	赤城· 白城郡 管轄	水州 所屬 (顯宗5年)			監務設置 (明宗5年)	安城

5) 縣令官

　江華縣은 원래 고구려의 穴口郡으로서 바다 가운데 있으며 貞州의 서남쪽, 通津縣의 서쪽에 있다. 신라 景德王은 海口郡으로 고쳤고 고려초에 강화현으로 고쳤으며 현종 9년에 현령을 두었다.

　高宗 19년(1232)에 왕이 몽고 침략군을 피하여 이곳으로 수도를 옮기자 군으로 승격시키고 江都라고 불렀으며 同王 37년(1250)에 주위의 길이가 2,960여간이 되는 중성을 쌓았고 元宗 元年(1259)에 다시 松都를 수도로 하였다.

　忠烈王 때에 仁州에 병합되었다가 얼마 후 복구되었으며 禑王 3년(1377)에 府로 승격시켰다. 摩利山·傳燈山과 소속도서로 仇音島·巴音島·今音北島·買仍島 등이 있으며 소속된 현이 3개 있다.[92] 현

---

92) 『高麗史』 卷 56, 志 10 地理 1, 江華縣.

재의 인천광역시 강화군이다.[93]

(1) 鎭江縣

원래 고구려의 首知縣으로서 강화도 안에 있는데 신라 景德王은 首鎭으로 고쳐서 海口郡의 관할현으로 만들었다. 고려에 와서 진강현으로 고치고 그대로 본 강화현에 소속시켰다. 소속도서로 鞍島·長峯島 등이 있다.[94] 현재의 인천광역시 강화군이다.

(2) 河陰縣

원래 고구려의 冬音奈縣으로서 강화도 안에 있는데 신라 景德王은 江陰으로 고쳐서 海口郡의 관할 아래의 현으로 만들었다. 고려에 와서 지금 명칭으로 고치고 그대로 본현에 소속시켰으며 후에 개성현에 소속시켰다. 소속도서로 主乙(叱)島가 있다.[95] 현재의 인천광역시 강화군이다.

(3) 喬桐縣

원래 고구려의 高木根縣으로서 바다 가운데 있으며 강화현의 서북쪽, 鹽州의 남쪽에 있다. 新羅 景德王이 교동현으로 고쳐서 海口郡의 관할 현으로 만들었다. 고려에 와서 그대로 본 현에 소속시켰고 소속도서로 松家島가 있다.[96] 조선시대에 喬桐郡이었고 현재 인천광역시 江華郡 喬桐面이다.[97]

이상의 縣令官의 縣들을 정리하면 <표 12>와 같다.

---

93) 內務部,『地名由來集』, 1996, 408쪽.
94)『高麗史』卷 56, 志 10 地理 1, 江華縣.
95)『高麗史』卷 56, 志 10 地理 1, 江華縣.
96)『高麗史』卷 56, 志 10 地理 1, 喬桐縣.
97) 京畿道,『地名由來集』, 1987, 955쪽.

〈표 12〉 縣令官

名　稱	高句麗	新羅 景德王	高麗初	高宗19年	忠烈王	禑王3年	現在
江華縣	穴口郡	海口郡	江華縣	江都	仁州	府로 昇格	江華
鎭江縣	首知縣	首鎭・海口郡 管轄	鎭江縣				〃
河音縣	冬音奈縣	江陰・海口郡 管轄	河陰縣				〃
喬桐縣	高木根縣	喬桐・海口郡 管轄	喬桐縣				〃

이상에서 살펴 본 바와 같이 고려 남경지역은 삼각산・양진・한 강진 등이 포함된 지역으로 廣陵이라고도 불리었으며, 漢江나루와 광나루가 있는 곳이었다. 현재의 도봉구・종로구・용산구・중랑 구・광진구 일대에 걸치는 지역이었으며 고려사에 명시된 지역보다 넓은 지역이었을 것으로 추측된다.

문종대 남경궁궐의 위치는 기존에 주장되었던 남산의 남쪽이라던 가 삼각산 面岳地인 北岳 앞이라는 의견이 있으나 앞으로 더 많은 검 토가 필요하다고 생각한다.

숙종대에 정해진 남경의 범위는 남쪽의 경계가 한강변의 '沙里'까 지 연결된다. 숙종대 남경의 궁궐 위치는 김위제의 '삼각산 남쪽 목 멱산 북쪽 평지'라는 내용이 있으므로 그 위치를 짐작할 수 있다. 景 福宮 부근이라는 기존의 주장이 있는데, 그 뒤쪽이라는 의견이 더 타당한 것으로 생각된다.

고려시대의 남경은 현재 서울의 범위보다 더 넓은 지역이 屬郡・ 屬縣으로 포함되어 있었음을 알 수 있다.

앞에서 살펴본 바와 같이 속군과 속현은 남경에 포함되어 있다고 해서 그 영역을 의미하는 것은 아님을 알 수 있다. 지방관을 파견하 느냐 아니냐의 문제이지 영역의 문제는 아닌 것이다. 그리고 현재 우리가 사용하고 있는 地名이 고려조에 제정된 명칭에서 크게 달라 지지 않았음도 아울러 알 수 있다.

제 V 장
高麗時代의 南京巡幸

고려시대의 南京巡幸과 衛仗에 대하여는 南京과 관련된 연구들에서 부분적으로 다루어져 왔을 뿐이며, 이들을 통하여 지금까지 규명된 고려시대의 南京巡幸에 대한 성격은 다음과 같이 정리할 수 있다.

李丙燾는 文宗이 南京을 창건한 후에도 吉應이 없음을 이유로 하여 南京을 폐지하고 南京으로의 巡幸을 그만 둔 것으로 보았고, 遷都·巡駐는 거의 대대로 전통적으로 반복되었다고 하였다.[1]

閔丙河는 李丙燾와 같은 입장을 취하여 風水地理的인 입장에서 南京設置의 동기를 찾았고, 禑王과 恭讓王 대의 遷都는 항구적인 遷都가 아닌 시행적 遷都에 불과한 것으로 보았다. 그리고 遷都의 근거는 地理圖讖說에 두었다고 보았으며, 그 위치는 모두 현재의 昌慶宮이라고 하였다.[2]

또한 朴漢卨은 지리도참설에 따른 문종의 南京設置와 肅宗의 南京의 建都 등을 정치상황과 연결시켜 설명하고 있다. 즉, 문종 때 南京의 建都 등을 정치상황과 연결시켜 설명하고 있다. 즉, 문종 때 南

---

1) 李丙燾,『高麗時代의 硏究』, 亞世亞文化社, 1980, 151쪽.
2) 閔丙河,「高麗時代의 漢陽」『鄕土서울』32호, 서울特別市史編纂委員會, 1968.

京設置는 지리적인 중요성을 감안한 것이라기 보다는 나라의 수명을 연장하려는 다분히 延基的 觀念에 의한 것이었으며, 특히 문종이 지나치게 圖讖思想에 집착한 까닭으로 보았다.[3)]

　이상에서와 같이 기존의 연구들은 南京巡幸을 주로 風水圖讖思想에서 연유한 것으로 보았다. 뿐만 아니라 巡幸을 순행지역에 대한 왕의 관심으로 보고 그 지역의 지위를 반영하는 척도라고 하였다. 즉, 肅宗·睿宗·仁宗代의 南京으로의 빈번한 巡幸 횟수에 대하여 南京의 지위가 상승된 것으로 파악하는 견해도 있다.[4)] 필자는 南京巡幸 당시의 수행인원과 巡幸衛仗의 규모를 간략하게 밝힌 바 있다.[5)]

1. 高麗 以前의 巡幸

1) 巡幸의 性格

　三國時代에 행해진 왕의 巡幸에 관하여 연구된 논문은 몇 편이 있는데,[6)] 그에 의거하여 삼국시대의 巡幸의 성격을 살펴보면 다음과 같다.

　巡幸이란 왕이 首都를 떠나 지방을 巡示하며 백성을 돌아보는 것으로 統治者의 지방 출장이며 敬老·祭祀·宗廟配享·人才登用 등

---

3) 朴漢卨, 『서울六百年史』 1권, 서울特別市史編纂委員會, 1977, 131쪽.
4) 權純馨, 「高麗中期 南京에 對한 一考察」 『鄕土서울』 49호, 서울特別市史編纂委員會, 1990, 22쪽.
5) 崔惠淑, 「高麗時代의 南京遷都」 『李炫熙敎授華甲紀念 韓國史學論叢』, 1997, 108쪽.
6) 申瀅植, 『三國史記硏究』, 一志社, 1981.
　　金瑛河, 『三國時代 王의 統治形態硏究』, 高麗大學校 博士學位論文, 1988.
　　盧鏞弼, 『新羅眞興王巡狩碑硏究』, 西江大學校 博士學位論文, 1993.

王道政治의 德目으로 이해되고 있다. 『三國史記』에서 보여진 巡幸
은 중앙에서의 정치와 반드시 구분된 것이 아니라 그 연장이었다.

巡幸은 巡狩·巡撫라고도 하는데 中國에서는 5년에 1회 순수를
행하여 수시로 순행을 시행한 우리나라와는 차이가 있었으며 天子
는 政治와 巡狩라는 두 가지의 직능을 가지고 있었다. 巡狩는 祭儀
的 기능과 地方諸侯의 통제를 위한 행차로서 대개 軍士訓練·民情
視察·政治의 得失을 살피는 것이므로, 복속지의 백성들을 賑恤함
으로써 민심을 수습하며 대내적인 결속력을 강화하고 농업생산력을
증대시키는 것이었다.

순행은 정치행위에 못지않게 의미가 있었고, 巡狩는 사냥·제
사·군사훈련·인물발탁 등 여러 가지 목적을 지닌 왕의 행차로써
정치적인 성격을 띠었다.[7]

高句麗王의 지방에 대한 巡狩는 중앙의 정치와 대등한 비중을 가
졌던 까닭에, 巡狩를 행하던 기간에도 중앙에서와 같은 통치행위가
계속될 수 밖에 없었고 巡狩는 정치에 포함되었다. 高句麗王은 2~7
개월에 걸쳐 수도를 떠나 지방에 체류하는 邊境巡狩를 실시하였는
데, 부정기적이나마 장기간에 걸친 巡狩를 실시함으로써 통치영역
을 관리하였다.

百濟왕이 행한 순행은 國防上의 出行이었고 1~3세기의 빈번한
巡幸은 건국 직후에 있었던 정치적 시련을 반영한 것으로 정치적으
로 早期 성숙과 발전이 가능했음을 나타내 주고 있다.

또한 출행시기가 新羅는 春季에, 百濟·高句麗는 秋季에 많이 모
여 있다. 오히려 天災가 가장 많은 夏季에 거의 보이지 않는 것은 巡
幸이 재앙관리와는 무관하다는 반증일 것이다. 百濟王은 地方巡撫
로 백성 관리의 실질적인 기능을 수행하고 있었다.[8]

---

7) 申瀅植, 앞의 책, 27·173쪽.

2) 巡幸의 目的

순행의 목적은 민심 수습과 영역 확인 등이었다. 초기에는 수렵에
의한 군사훈련·민정시찰·정치득실 등의 뜻이 있었으며, 점차 민
심 수렴·영토 확인 등을 통한 통치권의 확인으로 변화하였다.[9] 그
러나 巡幸이 문헌상에 나타난 사실보다는 그 출행동기로 볼 때 실제
로 또 다른 의미와 목적이 있었다.

삼국시대의 巡幸은 당시 사회상이나 왕의 직능을 반영해 줄 수 있
는 정치활동이었다. 만일 그것이 災難救濟의 수단이라면 그 출행시
기가 재난과 관계가 있어야 할 것인데 전시대에 고르게 나타나고 있
어 政治安定과 大赦를 위한 것으로 볼 수 있다.

救恤 위주의 新羅와 狩獵 중심의 高句麗는 그 사회의 성격을 반영
해 주고 있다. 百濟는 狩獵이 가장 많고 그 다음에 救恤·軍事·勸
農·激勵·赦免·地勢把握·領土確認 등의 목적을 가지고 있었다.[10]

巡幸이 있을 때에는 거의가 大赦의 특전을 주고 있으며 신라만이
전 시기를 통해 大赦의 특전이 균등하게 보여진다. 신라는 행정적으
로 下州를 설치할 만큼 정치적으로 중요한 지역인 比斯伐을 왕이 巡
狩하여 민심을 수습함과 동시에 영역을 확인하고 기념비를 세운 것
으로 확인할 수 있다.[11] 巡狩 행위로는 北漢山巡狩碑·黃草領巡狩
碑·磨雲領碑·昌寧碑 등에서 그 예를 살펴볼 수 있다.

巡幸에는 禍를 피해 吉을 찾는다는 의미와 民生을 돌아본다는 두
가지 의미가 있다. 삼국시대에 행해진 순행이 정치적인 성격을 띤

---

8) 金瑛河, 앞의 글, 139·153·166쪽.
9) 앞과 같음.
10) 申瀅植, 앞의 책, 176, 183~184쪽.
11) 金暎河, 「新羅時代 巡狩의 性格」『民族文化研究』14, 1979, 237쪽.

후자의 성격이었다면 고려시대에서 보이는 南京巡幸의 의미는 전자의 성격이 더 강하다.

신라는 순행을 任命과 大赦 이후에 가장 많이 실시하여 왕이 자신의 정치적 행위에 대한 확신과 기념의 뜻으로 파악하는 동시에, 下敎・立太子・戰勝・外國使節來至 등에 따른 출행에는 자축과 유람의 의미가 포함되었다. 이에 반해 高麗는 왕이 巡幸을 마친 후에 巡幸地의 백성들의 노고에 대한 보답으로 赦免과 租稅의 감면을 시행하고 있어 상반됨을 보여준다.

신라의 巡幸과 巡狩가 주로 춘계에 실시된 것과 정치적 행사가 춘계에 실시된 사실은 각각 고유한 기능을 가지고 있는 統治慣例로서 상호 관련성은 희박한 것으로 보인다. 특히 新羅王이 巡幸地에서 民心收拾・刑政實施・領域確認 등과 같은 고유한 통치권한을 행사하였고 眞興王을 통해 신라의 통치영역이 단계적으로 확장됨에 따라 항상 변경의 요충지에서 실시되고 있었다.12) 특히 춘계에 실시된 순행의 의미는 권농적인 기능을 수반한 것으로 보인다.

신라의 경우 眞興王巡狩碑에 나타난 순행의 목적을 찾아 보면 '忠信精誠'에서 意義를 찾아 忠은 民이 왕에게 보여야 할 충성만을 의미하는 것이 아니었다. 국왕이 民에게 쏟는 정성을 뜻하기도 하여 王道政治의 구현이라는 측면에서 매우 중시되었고 信은 국가의 사회적 질서 유지를 위하여 가장 중요한 德目으로 강조되었다. 信은 중앙집권적인 통치체제를 유지하고 국가의 사회적 질서를 원활히 지키기 위함에서 비롯된다. 眞興王은 王道政治의 이념을 강하게 표방하는 한편 중앙집권적인 통치체제를 유지하고자 하여 巡狩碑文에 '忠信精誠'이라는 구절을 명기하였다.13)

---

12) 金瑛河, 앞의 글, 175~176, 185쪽.
13) 盧鏞弼, 앞의 글, 140쪽.

진흥왕의 순행 목적은 왕도정치의 구현이었고 이는 민심을 수습하고 영역을 돌아보는 의미가 강하다. 즉, 三國時代 巡幸의 목적은 정치적인 성격을 띠고 巡幸地에서 통치권한을 연장하여 실행한 것이었다.

2. 高麗初期의 巡幸

王建이 高麗를 건국하였음에도 불구하고 당시에는 아직 甄萱까지 완전히 진압한 상태는 아니었다. 이러한 시기에 태조가 풍수지리적인 면에서 좋은 지역이라는 南京을 巡幸한 기록은 나타나지 않으나 西京을 巡幸한 기록은 많이 나타나고 있다. 이는 西京으로 순행한 까닭이 風水地理나 圖讖에 의한 것이라기 보다는, 북방지역을 견고하게 하기 위한 國防의 목적과 軍事的인 이유가 아니었나 추정해 볼 수 있다.

아울러 太祖의 西京政策에 대하여, 거란의 침입위협에 대한 방비책이었으며 高麗가 북방지향적 성격을 갖는데 결정적 역할을 하였고, 태조의 서경경영을 왕실 배후의 지지세력의 확보라든지 서경의 군사력 동원을 위한 우대조처였다는 측면에서 파악한 종래의 견해들은 수정되어야 한다는 의견[14]도 있다.

그리고 태조가 친히 州·鎭을 巡歷하였다는 것은 牧民官이 미처 파견되지 못한 차원에서 州·鎭의 책임자들이 어떻게 민생치안을 위해 노력하고 있는지를 살피고 州·鎭의 실태를 확인하고 감독하는 차원에서 巡幸한 것으로 보는 견해[15]도 있다.

태조의 巡幸 기록은 17차례에 걸쳐 나오는데 거의 西京으로의 巡幸이었고 태조 5년(922)에는 서경을 더욱 견고하게 하는 정책을 다

---

14) 秦榮一, 「高麗諸王의 西京巡幸考」『제주대학교 논문집』 25, 1987, 212쪽.
15) 崔圭成, 「高麗初期 郡縣制 改編」『祥明史學』 5, 1998, 10쪽.

음과 같이 시행하고 있다.

> 眞寶 城主 洪術이 使臣을 보내와 降服을 請하므로 元尹 王儒와 卿 含弼 등을 옮겨 西京을 채웠다. 西京에 행차하여 새로이 官府 員 吏를 두고 비로소 在城을 쌓았다.[16]

태조는 서경을 견고하게 하기 위하여 서경에 백성을 옮겨 채우고 在城을 쌓았다. 또한 태조가 남긴 「訓要十條」 중 제5조를 보면 서경을 중시한 내용이 잘 나타나 있다.

> 내가 삼한 산천신령의 도움을 받아 왕업을 이루었다. 西京은 水德이 순조로워 우리나라 地脈의 근본으로 되어 있으니 만대 왕업의 기지이다. 마땅히 춘하추동 사시절의 중간 달에 국왕은 거기에 가서 1백일 이상 체류함으로써 왕실의 안녕을 이루도록 하라.[17]

위에서 太祖는 風水圖讖思想의 영향으로 인하여 西京을 중시한 것으로 보인다. 4중절은 네 계절의 중간 달이 되는 2·5·8·11월을 의미한다. 그러나 李齊賢의 평에 의하면,

> 우리 태조는 왕위에 오른 뒤에 아직 金傳가 항복하지 않았고 甄萱이 사로 잡히기 전이었지만, 가끔 西都에 거둥하여 친히 北方 邊境을 순찰하였으니 그의 뜻은 역시 고구려 東明王의 옛 강토를 우리나라의 귀중한 유산으로 확신하고 반드시 이를 席捲하여 가지려고 한 것이었다.[18]

---

16) 『高麗史』卷 1, 世家 1 太祖 5年 11月 辛巳.
   眞寶城主洪術 遣使請降 遣元尹王儒卿含弼等 慰諭之 是歲 徙大丞質榮行派
   等父兄子弟 及諸郡縣 良家子弟 以實西京 幸西京 新置官府員吏 始築在城.
17) 『高麗史』卷 2, 世家 2 太祖 26年.
18) 『高麗史』卷 2, 世家 2 太祖 26年.
   我太祖卽位之後 金傳未賓甄萱未虜 而屢幸西都親巡北鄙 其意亦以東明舊壤
   爲吾家靑氈必席捲而有之.

라고 하여 태조의 뜻이 고구려의 옛 강토를 반드시 席捲하여 가지려고 한 것으로 보고 있다. 여기서 風水圖讖思想에 의거한 巡幸이라기보다 영토의 확인과 석권의 의미가 컸음을 알 수 있다.

특히 太祖는 西京을 중시하여 西京巡幸에 대한 기사가 많이 나오고 있다. 정주·온양과 북쪽 국경지역은 각각 1회씩 순행하였고, 그 외에는 모두 西京지역으로 순행하여 친히 齋祭를 치르거나 州·郡·鎭을 순행하여 학교를 창설하고 있다.

南京이 풍수지리적으로 좋다는 주장은 삼국시대부터 있어 왔음에도 불구하고 西京이 이렇게 중시된 이유는 북쪽 국경을 견고하게 하기 위한 국방의 이유로 보인다. 太祖는 여러 신하들에게 다음과 같이 일렀다.

근자에 西京을 복구하고 백성을 옮기어 거기를 충실히 한 것은 그 지방 역량에 의거하여 삼한을 평정하고 장차 거기에 수도를 정하려고 한 것이다. 그런데 지금 민가의 암탉이 수탉으로 변하고 큰 바람이 불어서 관가 집이 무너졌으니 대체 무슨 재변이 이처럼 심한가. (중략) 지금 사방에 고된 역사가 계속되고 백성의 부담이 많은 데다가 공납이 면제되지 않고 있으니, 나는 이것으로 하여 엄중한 화변을 초래할 듯하여 자나 깨나 근심스럽고 두려워서 감히 편안히 있을 수가 없다. 그러나 지금 형편으로 국가의 공납을 감면하기는 어렵다. 오히려 걱정되는 것은 여러 신하들이 직무를 공정하게 실행하지 못하여 백성들로 하여금 원망하게 하여, 혹 분에 넘치는 딴 마음을 먹기 때문에 이러한 재변을 자아낸 것이 아니겠는가. 모든 사람들은 각각 자기 마음을 고쳐 먹고 화가 미치지 않도록 하라.[19]

---

19)『高麗史』卷 2, 世家 2 太祖 15年 5月 甲申.
　　諭群臣曰 頃 完葺西京 徙民實之 翼水地力 平定三韓 將都於此 今者 民家雌雞 化爲雄 大風 官舍頹壞 夫何災變 至此 昔 晉有耶臣 潛畜異謀 其家雌雞 化爲雄 卜云 人懷非分 天垂警戒 不悛其惡 竟取誅滅 吳王劉濞之時 大風壞門拔木 其卜亦同濞 不知戒 亦底覆亡 且祥瑞志云 行役不平 貢賦煩重 下民怨上 有此之應 以古驗今 豈無所召 今四方 勞役不息 供費旣多 貢賦未省 竊恐緣此 以致天譴 夙夜憂懼 不敢遑寧 軍國貢賦 難以蠲免 尙慮群臣 不行公

라고 하여 태조가 西京을 복구하고 西京의 역량에 의거하여 삼한을 평정한 후 장차 거기에 수도를 정하려고 하였음을 알 수 있다. 이와 같이 문종조에 南京에 新宮을 설치하기 이전까지는 西京으로의 순행이 월등히 많았던 것이다. 이는 風水圖讖思想에 의거한 巡幸이라기 보다는 고구려 영토의 확인과 석권을 위한, 즉 國防을 목적으로 한 순행이었다고 볼 수 있다.

문종 22년(1068) 南京에 新宮을 창건하기 이전까지의 순행기사를 정리하면 <표 13>과 같다.

이와 같이 여러 차례에 걸쳐 西京을 비롯한 북쪽으로의 순행이 시행되었다. 河炫綱은 정치상의 목적에 의거한 것으로 보았고, 태조가 그의 정치적 목적을 달성하기 위하여 당시 유행하던 지리도참설을 잘 적용하였던 것으로 추측하였다.[20] 목종대와 정종대에 각각 한 차례씩 東京과 三角山으로의 순행이 있었으나 西京으로의 순행에 비하면 그 비율은 낮은 것이었다.

景宗 6년(981) 7월에 유언으로 남긴 조서에서

> 西京·安東·安南·登州 등 모든 지방의 방비 임무를 맡아 병권을 가진 자들은 그 책임이 가볍지 않으니 어찌 잠시라도 자기 임지를 비우겠는가. 이들이 임지를 떠나서 대궐로 올라오는 것을 허락하지 말 것이며 각기 임지에서 사흘 동안씩 애도식을 거행하고 복을 벗게 하라.[21]

라고 하여 西京 등의 지방에 대한 방비 임무를 가진 자가 애도를 위해

道 使民怨咨 或懷非分之心 致此變異 各宜悚心 毌及於禍.
20) 河炫綱,「高麗西京考」『歷史學報』35·36合輯, 1967, 147쪽.
21)『高麗史』卷 2, 世家 2 景宗 6年 7月.
西京安東安南登州等諸道 脣鎭守之任 有軍旅之權者 所寄非輕 豈宜暫曠不許離任赴闕 各於任所 擧哀三日釋服.

〈표 13〉 南京 設置 이전의 巡幸

王 名	時　　期	行先地	행선지에서 한 일	기 타	근거사료 (고려사)
太祖	3년(920)	북쪽국경			권1 세가1
	4년(921) 임진일	서경			권1 세가1
	8년(925) 3월	서경			권1 세가1
	9년(926) 12월 계미일	서경	齋祭를 치르고 각 州·郡·鎭 巡幸		권1 세가1
	11년(928)	탕정군 (온양)			권1 세가1
	12년(929) 4월 을사일	서경	각 州·鎭 巡幸		권1 세가1
	13년(930) 경자일	呢於鎭 (경주)			권1 세가1
	13년(930) 5월 임진일	서경			권1 세가1
	13년(930) 경자일	서경			권1 세가1
	13년(930) 12월 경인일	서경	학교 창설		권1 세가1
	14년(931) 2월 신해일	신라			권2 세가2
	14년(931) 11월 신해일	서경	齋祭를 치르고 각 州·郡·鎭 순찰		권2 세가2
	17년(934) 정월 갑진일	서경	북방 鎭 순찰		권2 세가2
定宗	2년(947) 봄		서경의 왕성 쌓음		권2 세가2
	4년(949) 3월 병진일			처음에 도참을 신빙하여 서경으로 천도할 것을 결심하고 장정들을 징발하여 시종 權直으로 하여금 궁궐을 신축하게 하였다. 이때에 부역은 한이 없었고 또 개경 백성들을 뽑아서 서경을 채웠다.	권2 세가2
光宗	11년(960)			개경을 皇都로 서경을 西都로 고침.	권2 세가2

王 名	時　　期	行先地	행선지에서 한일	기 타	근거사료 (고려사)
景宗	12월 무신일			서경에 修書院을 설치하여 여러 학생들로 하여금 역사서적들을 발췌·필사하여 보관하라고 교서 내림.	권3 세가3
成宗	10년(991) 겨울 10월 무진일	西都			권3 세가3
	12년(993) 윤10월 정해일	서경		安北府(안주)에 머물렀을 때 거란군 장수 소손녕이 蓬山郡을 격파하였다는 말을 듣고 더 진격하지 못한 채 돌아왔다.	권3 세가3
穆宗	원년(998) 7월 계미일		서경을 鎬京으로 개칭		권3 세가3
	7년(1004) 11월 갑인일	鎬京 (서경)	齋祭를 치르고 죄수 특사	명산들과 州·鎭에 신들의 훈호를 붙여주었다.	권3 세가3
	10년(1007) 10월 무신일	호경	〃	〃	권3 세가3
	11년(1008) 10월	호경	齋祭를 치름		권3 세가3
顯宗	3년(1012) 6월 경술일			"금후부터 양경(開京·西京)과 각도에서 진상하는 축하물자는 이를 일체 금지하고 다만 축수하는 道場만 남겨두어 이것을 항구한 의식으로 하라."고 하였다.	권4 세가4
靖宗	6년(1040) 3월 계미일	서경			권4 세가4
	7년(1041) 10월	호경			권6 세가6
	7년(1041) 11월 병오일	호경			권6 세가6
文宗	6년(1052) 8월 계유일			韓式·文質牛·奇理·金悅 등은 현종이 남쪽으로 순행하였을 때 수행으로 가서 공로를 세웠다고 하여 그들을 전부 좌우위 상장군으로 추증하라고 명령하였다.	권7 세가7

임지를 떠나서 대궐로 오는 것을 막고 있다. 이를 통하여 당시 고려 왕들이 西京을 비롯한 변방을 중시한 정도를 짐작할 수 있다.

특히 성종은 西京을 巡幸할 때 교서를 내렸는데,

西京 및 여러 州·郡의 현재 죄수들 중에서 十惡을 제외하고 교형 이하 죄인들은 모조리 석방하여라. 平壤府·開州·平州·黃州·鳳州·信州·白州·貞州·鹽州·海州 등 州와 牛峰·兎山·遂安·土山·十谷·俠溪·江陰·德水·臨津·瓮津·咸從·軍岳 등 縣과 安城 등 11개 驛에는 벼 9,375석을 주어라. 西京의 入流로서 나이 80이상 된 자에게 각각 차등 있게 상을 주되 3품 이상은 관복 한 벌을, 5품 이상은 비단 2필·幞頭 2매·차 10角을, 9품 이상은 비단 1필·복두 1매·차 5각을 각각 주고, 입류 이상인 사람들의 어머니와 처로서 나이 80이 된 자에 대하여는 3품 이상은 마포 14필·차 2근을, 5품 이상은 마포 10필·차 1근을, 9품 이상은 마포 6필·차 2각을 각각 주고, 일반 평민 남녀로서 나이 백세 이상 된 자에 대하여 京官 4품 관리가 그 집을 문안하도록 하고 겸하여 마포 20필·벼 10석을 주고, 90세 이상 된 자에 대하여는 마포 4필·벼 2석을 주고, 80세 이상 된 자와 篤疾者에 대하여는 마포 3필·벼 2석을 주고, 나를 따라 온 군인으로서 80세 이상 되는 부모가 있는 자에게는 먼저 東京으로 가서 문안을 드릴 것을 허락하라.[22]

라고 하여 순행 때 사면과 물품하사를 시행하고 있음을 볼 수 있다.

---

22) 『高麗史』 卷 3, 世家 3 成宗 9年 10月 甲子.
西京等諸州郡 見禁囚徒 十惡外 絞罪以下 並令出獄 平壤府開平黃鳳信白貞鹽海等州牛峯兎山遂安土山十谷俠溪江陰德水臨津瓮津咸從軍岳等縣 及安城等十一驛 賜稻穀九千三百七十五石 西京入流 年八十以上者 優賞各有差 三品以上 公服一襲 五品以上 彩二匹幞頭二枚茶一十角 九品以上 彩一匹幞頭一枚茶五角 入流以上 母妻年八十者 三品以上 布一十四匹茶二斤 五品以上 布一十四匹茶一斤 九品以上布六匹茶二角 庶人男女百歲以上者 令京官四品 存問其家 兼賜布二十匹 稻穀一十石 九十以上 布四匹稻穀二石 八十以上 及篤疾者 布三匹稻穀二石 隨駕軍人 有父母年八十者許先赴東京問安.

여러 州·郡의 죄수들 중 10惡을 제외하고 교형 이하 죄인들을 모두 석방하고 있고, 각 驛에는 벼를 주고 나이가 80세 이상 된 자에게 골고루 상을 내려주고 있다.

 이와 같이 고려초기에는 南京보다 西京이 중시되어 西京으로의 巡幸이 수십여 차례에 이르고 있다. 이는 風水圖識思想에 의거한 것이었다기보다는 국방을 견고하게 하고 북방유민을 포용하는 군사적인 의미가 더 컸던 것으로 보인다.

3. 文宗 以後의 南京巡幸

 고려중기 이후 南京으로의 巡幸기사는 10여 차례 보인다. 순행 시 수행자들을 알 수 있는 기사로는

> 왕이 南京에 갔다. 平章事 李顏, 參知政事 吳壽增, 權知樞密院副使 吳延寵, 判御史臺事 任懿 등이 왕을 수행하였다.23)

라고 하여 南京으로의 순행 시 平章事·參知政事·權知樞密院副使·判御史臺事 등이 수행하였음을 알 수 있다. 李顏는 仁州李氏로 당시의 명문가였으며,24) 吳延寵은 海州吳氏,25) 任懿는 定安任氏로 당시의 유력한 가문이었다.26) 平章事는 정2품으로서 中書門下省에

---

23)『高麗史』卷 12, 世家 12 肅宗 9年 7月 戊戌.
  幸南京 平章事李顏 參知政事吳壽增 權知樞密院副使吳延寵 判御史臺事任懿等 扈從.
24)『高麗史』卷 95, 列傳 8 李子淵傳.
25)『高麗史』卷 96, 列傳 9 吳延寵傳.
26) 朴龍雲,「高麗時代의 定安任氏 鐵原崔氏 孔巖許氏 家門分析」『韓國史論叢』3, 1978, 45쪽.

속한 宰相급이고 權知樞密院副使는 정3품으로서 中樞院 소속이었
다. 判御史臺事가 수행한 것으로 보아 순행시 지방감찰 기능도 같이
수행한 것으로 추측된다.

> 왕의 순행시 村婦와 野老들이 길에서 다과를 다투어 올리니, 그들
> 에게 布帛을 각각 하사하였고 또 內府의 茶香과 임금의 의복인 衣襯
> 을 내어 길 옆의 불사에 시주하였다.27) 개경을 떠난지 14일만에 왕이
> 南京에 도착하였는데, 모든 행사를 다 日官이 아뢴대로 하여 예절에
> 부합되지 않았으나 有司가 감히 말하는 자가 없었다.28)

위에서 순행의례가 반드시 절차에 맞게 행해지지는 않았음을 알
수 있다. 9일 밤을 묵고 숙종 9년(1104) 8월에 왕이 南京을 떠나 궁
녀들과 함께 승가굴에 가서 재를 올리고 의복을 시주하였다.29) 순행
기간을 추측해 볼 수 있는 내용으로

> 睿宗 3년 9월 甲戌日에 왕이 南京에 행차했는데30) (중략) 壬午日
> 에 승가굴에 행차하였다. (중략) 壬子日에 왕이 南京에서 돌아 오는
> 길에 봉성현에 머물러 주연을 베풀고 시종한 대신들과 함께 변방문
> 제를 의논했다.31)

라는 기록으로 미루어 짐작컨대 개경을 떠난 지 9일째 되는 날에 북

---

27)『東史綱目』卷 8 上, 肅宗 9年 7月.
28)『高麗史』卷 12, 世家 12 肅宗 9年 8月 辛亥.
　　駕至南京 事皆依日官所奏 不合禮制 有司莫有言者.
29)『高麗史』卷 12, 世家 12 肅宗 9年 8月 癸亥.
　　車駕 發南京 與內中 幸僧伽窟 設齋納襯.
30)『高麗史』卷 12, 世家 12 睿宗 3年 9月 甲戌.
　　幸南京 王太后 率諸王公主 出次興王寺大施院.
31)『高麗史』卷 12, 世家 12 睿宗 3年 11月 壬子.
　　王還次峯城縣 置酒 與侍從宰輔 議邊事.

한산에 있는 승가굴에 오르고 開京을 떠난 지 39일만에 開京으로 돌아오고 있음을 알 수 있다. 즉, 남경순행에 대략 한 달이 넘는 기간이 소요되었다는 것과, 그로 인하여 오랜 기간 동안 왕실을 비우는 데 따르는 제문제의 발생도 짐작해 볼 수 있다.

睿宗이 南京에 갔을 때[32] 왕이 남경에 이르자 거란에서 투화하여 근처에 흩어져 사는 자들이 거란의 가무와 각종 유희를 연출하여 행차를 맞이하였고, 이에 왕은 수레를 멈추고 구경하였다[33]고 한다. 당시 귀화인들도 춤과 노래로 왕을 환영하여 맞이하였음을 보여주는 일면을 볼 수 있다.

毅宗은 '南京巡幸衛仗'을 제정하여 南京을 西京과 동등하게 하였으나 2회만 행차하였을 뿐이다. 왕 4년(1150)에 왕이 南京을 순행하고[34] 돌아와서 죄수들을 석방하였다.[35] 그리고 왕 21년(1167)에 南京으로 순행할 때[36] 왕이 加頓院에 도착하니, 廣州에서 儀衛와 樂部를 갖추어 왕을 영접하면서 말 두 필, 肩輿 한 벌, 陽傘 세 자루를 바쳤다.[37]

南京에 들어갔을 때는 留守官이 예의를 갖추어 왕을 영접하며 양산 두 자루, 말 두 필, 소 한 마리를 바쳤다. 이날 밤에 내시와 重房을 시켜 활을 쏘게 하여 과녁을 맞힌 자에게는 綾絹을 주었다.[38]

왕이 서울로 돌아와서 참형·교형 이하 죄수들을 석방하고 조서를 내려 명산 대천의 신에 爵號를 붙여 주었다. 서울과 지방의 80세

---

32) 『高麗史』卷 13, 世家 13 睿宗 12年 8月 戊午.
   幸南京 以李資謙金緣趙仲璋留守.
33) 『高麗史節要』卷 8, 睿宗 12年 8月.
34) 『高麗史』卷 17, 世家 17 毅宗 4年 9月 丁丑.
35) 『高麗史』卷 17, 世家 17 毅宗 4年 9月 甲午.
36) 『高麗史』卷 18, 世家 18 毅宗 21年 8月 己未.
37) 『高麗史』卷 18, 世家 18 毅宗 21年 8月 甲子.
38) 『高麗史』卷 18, 世家 18 毅宗 21年 8月 乙丑.

이상의 노인·중환자·廢疾者·홀아비·과부·고아·자식 없는 늙은이·효자·順孫·절부·義夫 등과, 부모에게 효성스럽고 형에게 공순하며 농사를 알뜰히 짓는 자들에게 물품을 주었다. 南京을 순행할 때 따라 간 장수들과 睿令 兩殿의 侍衛貝將과 侍學公子들에게는 모두 관직을 주었다.[39]

또 南京·廣州의 이 해 稅租와 나르는 부역을 면제하고 그 밖의 주·현들에 대한 부역은 그 절반을 면제하였다.[40] 즉, 의종은 순행 후 사면을 단행하였고 명산대천의 신에게 爵號를 내려주었으며 조세와 부역을 면해 주었던 것이다.

그 후 우왕도 한양에 갔는데 돌아오는 길에 양광도 안렴사 柳恕와 교주도 안렴사 崔賓에게 內廐의 말 1필씩을 주었다.[41] 이 두 사람은 모두 간사하고 아첨을 잘하여 윗사람의 비위를 잘 맞춰 주었다. 우왕이 한양에 갔을 때에 주민의 고혈을 긁어서 임금의 식찬을 극도로 사치스럽게 만들어 바치고, 또 권세 있는 고관들에게 뇌물을 주어서 그들의 환심을 산 까닭에 상을 준 것이었다. 우왕은 특히 한양으로의 천도를 단행하고 왕비들을 머물게 하기도 하였으나 왜적의 침입으로 인하여 환궁시키기도 하였다.[42]

공양왕 때도 순행기사가 보이는데 왕이 南京을 출발하여 檜巖寺에 가서 머물면서 불사를 크게 베풀었다.[43] 그리고 왕이 南京으로부터 돌아오매 서울사람들이 綵棚을 매고 맞이하는 등[44]의 사실로 미루어보아 이 때도 왕을 맞이하는 행사가 있었음을 알 수 있다.

반면에 위와 같은 사실들을 통하여 왕의 巡幸으로 인하여 현지 주

---

39)『高麗史』卷 18, 世家 18 毅宗 21年 8月 乙亥.
40)『高麗史』卷 80, 志 34 食貨 3.
41)『高麗史』卷 135, 列傳 48 辛禑 9年 2月 戊寅.
42)『高麗史』卷 137, 列傳 50 辛禑 14年 4月 丙戌.
43)『高麗史』卷 46, 世家 46 恭讓王 3年 2月 己未.
44)『高麗史』卷 46, 世家 46 恭讓王 3年 2月 丁卯.

민들의 피해가 적지 않았음을 알 수 있다. 수행인원의 숙식까지 감당해야 하는 현지에서는 앞에서 언급한 바와 같이 백성을 착취할 수밖에 없었던 것이다. 그로 인해 고관들은 왕에게 칭찬을 받거나 출세를 하는 등 포상이 따랐는데 그와 반대로 현지 백성들의 고통은 매우 컸을 것으로 보인다.

南京이라는 명칭이 직접적으로 자료에 보이지는 않으나 남경지역인 삼각산·승가굴을 찾은 기록도 수차례 나타나서 남경으로의 순행이 잦았음을 알 수 있다.

開京에서 南京으로 순행할 때는 어떤 길을 이용하였을까? 『增補文獻備考』에 의하면 조선시대 주요 도로망으로서 9개의 노선이 있었는데, 그중 한성에서 개성으로 가는 길은 서대문에서 무악재-파주-개성-봉산-평양-안주-의주45)로 연결되는 길이다. 여러 갈래의 길이 많이 있겠으나 여기에서 유추해 볼 때 대체로 고려시대에 開京에서 南京으로 가는 길은 파주를 지나 무악재를 넘어왔을 것으로 추정된다.

이상에서 南京으로의 순행을 분석한 결과, 고구려의 옛 영토를 석권하려고 행한 태조의 서경순행 즉, 국방을 위한 군사적 성격의 순행보다는, 유람이나 국가의 안녕을 기원하는 祈福的인 성격이 강하였다고 파악된다. 이는 풍수도참사상에 기반을 두고 행해진 일련의 행사였고, 거기에 병행하여 백성들에게 惠政을 베푸는 赦免이나 租稅減免·物品下賜 등이 수반되었음을 알 수 있다.

---

45) 『增補文獻備考』 卷 24, 輿地考 20 道里.

4. 南京巡幸衛仗

高麗 太祖의 建國 직후에는 官服制度를 新羅의 제도 그대로 하였고 光宗 때에 와서야 百官의 公服을 제정하였는데 이로써 귀천과 상하의 차별이 명확해 졌다. 顯宗 때 거란의 침입을 피하여 전라도로 피난을 가게된 후 문헌들이 분산되거나 유실되어 그 제도와 定型을 자세히 알 길이 없었다.

毅宗 때에 이르러 平章事 崔允儀가 祖宗의 憲章을 모으고 唐의 제도에서 골라 뽑아 『詳定古今禮』를 편찬하였다.[46] 여기에 왕이 거둥할 때의 衛仗 행렬이 기재되어 있다. 그 뒤 元의 영향으로 변화가 있기는 하나 여기서는 『상정고금례』에서 정해진 「南京巡幸衛仗」에 대해 살펴보기로 하겠다.

사실 그 이전에도 巡幸衛仗이 격식을 갖추고 있어 그에 대해 宋의 사신 徐兢의 칭송을 받은 기록이 있으나 자세하지 않다. 徐兢이 高麗에 다녀간 시기는 仁宗 1년(1123)인데 우선 이때 왕의 행차시 사용된 衛仗을 보고 설명한 내용을 보면 다음과 같다.

여러 오랑캐 나라는 비록 임금이 있으나 그 출입에는 旌(장목을 단 기)·旜(자루위가 굽은 기) 10여 개가 따르는 데에 불과하여 신하들과 거의 구별이 없다. 그러나 高麗는 그 君臣 上下가 거둥할 때에 禮文이 있으니 왕의 巡幸에 각기 儀物과 神旗가 있어 先驅하는 甲士가 사람이 오가지 못하게 길을 막고 六衛의 軍隊가 각기 그 儀物을 잡고 가니 비록 典禮에 다 맞지는 않으나 다른 여러 오랑캐에 비하면 찬연히 빛나 볼 만하다. 이것이 孔子가 살고 싶다고 하고 더럽다

---

46) 『高麗史』卷 72, 志 26 興服.
　　毅宗朝 平章事崔允儀 裒集祖宗憲章 雜采唐制 詳定古今禮.

하지 않은 이유이다.47)

　이 내용으로 보아 의종이 巡幸衛仗을 제정하기 전에도 衛仗의 형식이 갖추어져 있었음을 알 수 있다. 찬연히 빛나 볼 만하였음을 알 수 있다. 그러나 그 후 즉위한 의종이 정한 巡幸衛仗과는 차이가 있으며 의종이 정한 위장은 더욱 화려하고 장대해졌다.

　아쉽게도 조선시대의 巡幸衛仗에 대해서는 연구가 되어 있으나48) 고려시대 巡幸衛仗에 대해서는 그렇지 못한 것 같다.

　巡幸衛仗은 일반 서민들의 복장과는 달리 화려하였다. 이는 왕권의 위엄을 대외에 과시하려던 의도로 보인다. 특히 西京과 南京으로의 순행위장을 규정한 것으로 보아 타지역으로의 불규칙적인 거둥과는 다른 법칙이 있었음을 알 수 있으며 서경과 동등하게 함으로써 南京의 格이 높아졌음을 보여준다.

　南京과 西京으로의 巡幸衛仗은 그 화려함을 수행인원의 규모로 짐작할 수 있다. 巡幸할 때의 수행인원은 약 1,000명에 이르며 巡幸하고 돌아오는 왕의 행차를 맞이하는 인원은 약 2,000여 명이 넘는다.49) 또한 巡幸으로부터 대궐로 돌아오는 왕을 영접하는 인원도 거의 700여 명에 달하였다.

　이러한 내용을 통하여서도 당시 西京과 南京으로의 巡幸이 큰 행사였음을 짐작할 수 있다. 물론 의종 때 정해진 巡幸衛仗이므로 그 이전에는 그리 성대하지 않았을 수도 있고 巡幸衛仗이 정해진 후에

---

47) 『高麗圖經』 卷 9, 儀物.
　　臣聞諸蠻之國 雖有君長 其出入 則不過以旄旌十數自隨 與其臣屬 略無介辨 唯高麗素通朝聘 久被漸摩 故其君臣上下 動有禮文 王之巡行 各有儀物神旗 前驅 甲士塞途六衛之軍 各執其物 雖不盡合典禮 然而比之諸蠻 察然可觀 此 孔子所以欲居.
48) 白英子, 『조선시대의 어가행렬』, 한국방송대학교 출판부, 1997.
49) 『高麗史』 卷 72, 志 26 輿服.

도 그대로 시행되었으리라는 법은 없으나 의종이 巡幸儀式을 화려하고 장엄하도록 하였던 어떤 意志를 알 수 있다.[50]

의종대에 순행위장을 규정한 이유는 무엇일까? 의종은 왕조의 중흥과 좋은 정치의 실현 등을 염원하고 있었다. 그러나 그러한 그의 생각이 실제 정치면에 구체적인 성과로서 나타나지는 못하였고 오히려 의종일대를 통하여 왕권 능멸풍조로 나타났다.

그에 대한 의종의 반응은 佛·神 등 절대자에 의존하거나 문신들에게 자기과시를 하거나 각처로 행차하면서 피신하거나 하는 행동 등으로 나타났다.[51] 이러한 과정에서 장대하고 화려한 순행위장이 제정된 것으로 생각된다. 이는 왕권을 대외에 과시하려는 것이었고 의종 개인의 방종하고 경박한 성격 때문은 아니었던 것 같다.

1) 南京巡幸衛仗

南京巡幸衛仗은 西京巡幸衛仗과 같고 毅宗 때에 자세히 정해졌다.

왕이 南京으로 巡幸할 때 先排隊 43명, 淸遊隊 48명, 白甲隊 84명, 骨朶子隊 66명, 銀粧長刀隊 23명, 白檊斫子洪羅號隊 76명 등 다음에 따르는 위장대를 모두 합해 대략 1,000여명이 수행을 하도록 하였는데, 수행인원은 상황에 따라 달랐을 것으로 생각된다.

그 뒤에 中禁班·都知班·護輦牽龍班이 수행하고 그 뒤를 玄武隊·衛身馬隊·後殿隊가 따르고 그 뒤로 巡檢左右府가 따른다. 中禁·都知·白甲隊는 왕을 근위하는 부대의 명칭인데 中禁班은 액정국의 별감 아래에 속하는 일꾼이며, 都知는 하급대열 중에서 우두머리의 명칭이었다.

---

50)『高麗史』卷 72, 志 26 輿服 儀衛.
51) 河炫綱,『韓國中世史研究』, 一潮閣, 1996, 403쪽.

정종 11년(1045) 5월에 공시한 내용에 의하면

> 국가 규정에는 近仗과 각 衛에 領마다 護軍 1명, 中郎將 2명, 郎將 5명, 別將 5명, 散員 5명, 伍尉 20명, 隊正 40명, 正軍訪丁人 1,000명, 望軍丁人 600명을 두어 임금의 행차에 따라가며 안팎 부역을 모두 하게 하였다.52) 近仗이란 대궐문을 경비하고 임금의 거둥 때 그 신변을 호위하던 군대를 말한다. 近仗의 장교는 모든 領部의 장교들 중에서 몸집이 좋고 공로가 많은 사람으로 골라서 보충한다.53)

라고 하여 왕을 호위할 때는 체격이 좋고 공로가 많은 자를 골라서 썼음을 알 수 있다. 호위대의 복색은 거의 紫色이 주종을 이루며 모자를 썼고 刀나 弓·斫·旗·槍·水晶杖 등을 휴대하고 있으며 색이 화려하고 인원이 많은 것이 특징이었다. 호위대에는 13개의 군대가 소속되어 있는데 차례로 살펴보면 다음과 같다.

① 先排隊54)

先排隊는 약 103명으로 領將軍 1명, 將校 2명, 軍士 20명, 동·서·남·북·중앙의 다섯 방위를 나타내는 五方旗 각 1개에 引將校 5명, 夾軍士 10명씩, 합하여 인장교 25명, 협군사 50명이 따른다. 영장군은 옆으로 귀가 나게 만든 放角모자를 쓰고 자색 옷을 입고 띠를 띠며, 칼을 차고 기를 들고 말을 탄다. 장교 2명은 자색 옷에 띠를 띠며, 칼을 차고 기를 든다. 군사 20명은 자색 옷을 입고 칼을 잡는다. 인장교는 장교와 복색이 같다. 협군사는 旗를 좌우에서 드는 군사이다. 10명은 平巾幘을 쓰고 緋色(진홍색) 상의에 扦袴를 입는다.

---

52)『高麗史』卷 81, 志 35 兵志.
53)『高麗史』卷 81, 志 35 兵志 文宗 4年 10月.
54) 이하 모두『高麗史』卷 72, 志 26 輿服.

② 淸遊隊

청유대에는 약 48명의 군사가 따르는데 領都將 4명, 장교 4명, 군사 40명이다. 영도장은 放角모자를 쓰고 자색 옷에 띠를 띠며, 칼을 차고 기를 들고 말을 탄다. 將校 4명은 자색 옷에 띠를 띠며, 칼을 차고 기를 들고 말을 탄다. 軍士 40명은 푸른 옷을 입고 同心束帶[55)를 매었으며 활집을 휴대하고 말을 탄다.

③ 白甲隊

白甲隊는 약 84명으로 領都將 2명, 장교 2명, 군사 80명이다. 영도장은 방각모자와 자색 옷에 칼을 차고 기를 들었으며, 장교는 자색 옷에 띠를 띠고 칼을 차고 기를 든다. 군사 80명은 푸른 옷에 동심속대를 매었고 絲戟으로 된 작은 기창을 든다. 다른 호위대의 복색이 거의 자색임에 비해 푸른 색 옷을 입는 것이 특징이다.

④ 骨朶子隊

骨朶子隊는 약 66명으로 領將校 2명, 군사 12명, 景靈殿判官 1명, 淸道 1명, 군사 6명, 行爐·茶擔 각 1명, 군사 6명, 前行馬 12필(12명), 拱軍士 24명이다. 骨朶는 병기의 하나로 마늘 모양의 머리가 달려 있다. 宋나라에 骨朶子가 있었는데 이는 호위병을 말하는 것이다.[56) 여기에서 중국의 영향을 받았음을 알 수 있으며 조선시대의 어가행렬에도 骨朶子가 나오는 것으로 보아 조선시대에까지 영향을 미친 것으로 보인다.

領將校는 방각모자와 자색 옷에 칼을 차고, 기를 든다. 군사는 검은 비단모자에 자색 명주로 만든 소매 좁은 옷에 띠를 띤다. 경령전 판관이 길 복판에 서고 청도는 삼각모자와 자색 옷에 띠를 띠고 막

---

55) 실이나 끈을 튼튼하게 맨 매듭, 두번 코를 지어 풀리지 않도록 한 동심결로 만든 띠.
56) 백영자, 앞의 책, 116쪽.

대기를 든다. 군사 6명은 검은 비단모자, 자색 명주로 만든 소매 좁은 옷에 띠를 띤다. 행로·다담 각 1명이 길 한복판에 서고 여기 따르는 군사가 6명으로서, 입각모자에 寶祥花繡를 놓은 소매 넓은 옷에 假銀帶를 띤다.

전행마 12필이 여기 따르며, 공군사 24명은 입각모자와 보상화수를 놓은 소매 넓은 옷에 假銀帶를 띤다. 보상화수는 장미의 일종으로 元나라에서 이 꽃무늬를 병사들의 옷에 수놓기 시작하였다.

⑤ 銀粧長刀隊

銀粧長刀隊는 영장교 2명, 군사 10명, 絞床과 水灌子 각 1명, 군사 4명, 御甲擔 1명, 군사 4명으로 총 23명이다. 영장교 2명은 자색 옷을 입고 칼을 차고 기를 들며, 군사 10명은 立角모자에 보상화수를 놓은 소매 넓은 옷에 띠를 띤다.

絞床과 水灌子 각 1명을 길 한복판에 세우는데 여기 따르는 軍士가 4명으로 검은 비단모자와 자색 명주로 만든 소매 좁은 옷에 띠를 띤다. 또 御甲擔 하나를 길 복판에 세우는데 여기 따르는 군사가 4명이고 옷차림은 검은 비단모자와 자색 명주로 만든 소매 좁은 옷에 띠를 띤다.

⑥ 白鞾斫子洪羅號隊

白鞾斫子洪羅號隊는 영장교 2명, 군사 12명, 國印 1명, 書詔寶擔 1명, 中書主寶吏 1명, 군사 12명, 細弓箭장교 6명, 紫繡扇 10명, 承旨 10명, 靑大傘 1명, 夾軍士 6명, 陽傘 1명, 군사 4명, 靜鞭承旨 4명, 水精杖1명, 鉞斧 1명, 都將 2명, 引駕 1명으로 총 76명이다.

水精杖에 대하여는 『世宗實錄』「國朝五禮儀」에 '나무로 자루를 만들고 은으로 이를 싼 것이다. 그 위의 끝에는 水精珠를 걸고 塗金한 鐵絲로써 屈曲하여 水精珠의 사방에 걸어서 불꽃의 모양과 같게 한다'[57]고 설명하였는데 고려시대에도 이와 같지 않았을까 추측해 볼 수 있다.

領將校는 자색 옷을 입고 칼을 차고 기를 들며 軍士 12명은 紫羅冠·홍색 背子·綠羅 汗衫을 착용하고 國印과 書詔寶擔에 짐 하나씩을 지워서 좌우로 갈라 세우는데, 中書主寶吏 1명이 그 뒤를 따르며 여기 따르는 군사 12명은 검은 비단모자와 자색 명주로 만든 소매 좁은 옷에 띠를 띤다. 細弓箭장교 6명은 자색 옷에 띠를 띠고 따른다. 승지는 방각모자에 자색 옷을 입고 띠를 띤다. 협군사와 군사는 검은 비단모자와 자색 옷에 띠를 띤다. 도장은 방각모자와 자색 옷에 띠를 띠고, 인가는 방각모자와 자색 옷에 띠를 띠고 지팡이를 짚는다.

⑦ 中禁班

中禁班에는 領指諭 2명, 行首 2명, 班士 20명이 수행하여 총 24명이다. 영지유는 자색 옷에 띠를 띠고 칼을 차며, 행수는 같은 색의 옷을 입고 띠를 띠고 칼을 차는 것도 같으며 기를 든다. 班士는 같은 색의 옷을 입고 띠를 띠고 칼을 차는 것이 모두 같으나 앞장서는 자가 彈弓58)을 드는 것이 특징이다.

⑧ 都知班

都知班에는 領指諭 2명, 行首 1명, 班士 16명이 수행하여 총 19명이다. 도지반 뒤에 御輦이 따른다. 영지유는 방각모자와 자색 옷에 띠를 띠고 칼을 찬다. 행수는 자색 옷을 입고 띠를 띠고 칼을 차고 기를 든다.

반사는 자색 옷에 띠를 띠는 것은 같고 紅羅號黑斡斫子를 든다. 조선시대의 斫子를 보면 나무로 도끼같이 만드는데 양쪽 날은 은을

---

57) 백영자, 앞의 책, 97쪽.
58) 탄환을 발사하는 활의 일종, 대와 짐승의 뿔과 힘줄 등으로 만들며 길이가 4척 정도이다.

바르고 朱漆棒에 꿰었다.[59] 이는 군사용이 아니라 의장용이기 때문
에 나무로 만든 것이다.

⑨ 護輦牽龍班

왕이 탄 수레인 輦을 호위한다. 班士 14명, 控鶴 24명, 轎子 1명,
護轎子將校 1명, 군사 30명, 내시관 2명, 御弓箭將軍 1명, 承制員 1
명, 좌우상장군 2명, 千牛大將軍 2명, 千牛備身將軍 4명, 비신장군 4
명, 後殿官·감찰어사가 수행하여 총 88명이다. 그러나 내시관과 승
제원의 수가 확실치 않다. 이 앞에 轎子 하나를 세운다. 반사는 금화
모자와 자색 옷에 띠를 띠고, 공학은 자라관과 자색 옷에 띠를 띤다.
호교자장교는 자색 옷에 띠를 띠고 칼을 차며 군사는 공학과 같다.
어궁전장군은 방각모자와 자색 옷에 띠를 띠고 말을 탄다. 또, 좌우
상장군·천우대장군·천우비신장군·비신장군은 방각모자와 자색
옷에 띠를 띠고 말을 탄다.

⑩ 玄武隊

영도장 2명, 장교 2명, 군사 30명, 後行馬 4필(4명), 控軍士 12명으
로 총 50명이다. 영도장 2명은 방각모자와 자색 옷에 띠를 띠고 칼
을 차고 기를 든다. 장교는 자색 옷에 띠를 띠고 칼을 차고 기를 든
다. 군사는 푸른 옷에 동심결로 띠를 매었으며 칼을 들었다. 공군사
는 검은 비단 모자, 자색 명주로 만든 소매 좁은 옷에 띠를 띤다.

⑪ 衛身馬隊

영도장 2명, 장교 2명, 군사 30명, 細弓箭군사 46명, 雨傘 1명, 군사
4명 등 총 85명으로 우산 하나가 따르는 것이 특징이다. 영도장은 방
각모자와 자색 옷에 띠를 띠고 칼을 차며 기를 들고 말을 탄다. 장교
는 자색 옷에 띠를 띠고 칼을 차며 기를 들고 말을 탄다. 군사는 푸른

---

59) 백영자, 앞의 책, 97쪽.

색 옷에 동심결로 띠를 띠고 활집을 차고 말을 탄다. 세궁전군사는
푸른색 옷에 띠를 띠며 우산군사의 의복은 후행마 공군사와 같다.

⑫ 後殿隊

영장군 1명, 도장 2명, 장교 2명, 군사 30명으로 총 35명이 수행한
다. 영장군·도장은 방각모자와 자색 옷에 띠를 띠고 칼을 들며 기
를 들고 말을 탄다. 장교는 자색 옷에 띠를 띠고 칼을 차며 기를 든
다. 군사는 자색 옷에 띠를 띠고 칼을 찬다.

⑬ 巡檢左右府

영도장 2명, 지유 6명, 군사 150명으로 총 158명이 따른다. 영도장
은 방각모자와 자색 옷에 칼을 차고 기를 들며 말을 탄다. 지유는 낭
장·별장·산원이 交差하고 영도장과 같다. 또 군사는 청자색 옷을
입고 兵仗을 든다.

그 뒤에 敎坊樂官 45명, 淸樂 5명, 호각 부는 군사 10명은 행차 전
면 좌우로 갈라서고 吹螺軍士 10명은 행차 뒤에 따른다.60)

서긍이 본 왕의 행렬위장에서의 扇에 대한 설명은 매우 자세하다.
물론 시기가 다르기는 하나 정리하여 보면 다음과 같다.

盤螭扇은 絳羅로 만들어 붉은 자루에 금색으로 장식을 하고 선의
가운데에 단리가 꾸불꾸불 꿈틀거리는 그림을 수놓았는데 그 제도
가 뿔은 하나이고 비늘은 없고 그 모습은 용과 비슷하되 대개 도롱
뇽(蛟)이나 뿔 없는 용(虯)의 붙이이다. 왕이 행차할 때 친위군이 이
를 잡고 앞에 서서 금포를 씌워 바람을 막는데, 잔치할 때는 뜰 가운
데에 세우되 예가 끝나면 거둔다.

雙螭扇은 그 빛깔과 장식은 대략 單螭와 비슷한데 다만 수 놓은
모양이 줄지어 벌렸고 예를 행할 때는 친위군이 이를 잡는다. 繡花

---

60)『高麗史』卷 72, 志 26 興服.

扇은 붉은 絳羅로 만들어 붉은 자루에 금색으로 예를 행할 때는 螭扇의 다음에 벌려 세우는데 친위군이 잡는다. 三色扇은 너비가 2척, 높이 4자, 자루의 길이가 각각 10자가 된다고 하였다.

羽扇은 푸른 깃을 모아 차차 엮어 내려 아래를 은으로 장식하였는데 모양이 文禽같다. 여기에 황금을 칠하여 자못 화려한 문채가 나지만 다루기가 어렵고 오래되면 깃이 빠져 그 형상이 위가 모지게 된다. 처음의 모습과 거의 같고 그 제도는 자루의 길이가 10자, 부채의 너비가 1척 5촌, 높이가 2자이다. 예를 행할 때는 金花曲脚으로 장식한 幞頭와 비단 옷을 입은 친위장군이 이를 잡게 한다.

曲蓋는 그 모양은 6모지고 각기 流蘇61)가 있고 붉은 강라로 장식하고 위에 명주와 금은을 섞어 장식하였는데 그 자루는 조금 굽었다. 왕이 출입할 때 그것을 받치지 않고 다만 衛軍이 이를 잡고 수십보 앞에 가게 하는 것으로 의식을 삼는다. 그 만듦새는 높이 12자, 너비 6자이다.

靑蓋의 만듦새는 거의 중국의 것과 같았다. 안쪽은 붉은 강라로 만들고 넓은 폭을 아래로 늘이고, 노란 실로 짠 끈으로 장식했다. 高麗 사람들은 다홍을 가장 귀히 여겨 국왕이 아니면 쓰지 못하였다.62)

그리고 왕의 출행시의 모습으로서, '왕이 출행할 때는 그 앞에 있고 喧嘩63)가 있으면서 시위를 당기는데 발사하지는 않고 경계만 하여 사람들이 모두 숙연해지게 하였다. 새가 지나가면 탄환으로 쏘고 밤에는 횃불을 들고 가면서 순시하기를 게을리 하지 않았다'64)고 하여 왕의 안전을 위하여 만전을 기하는 모습을 엿볼 수 있다.

---

61) 내려뜨리는 장식물.
62) 『高麗圖經』 卷 9, 儀物 1.
63) 큰 소리로 떠들썩한 것.
64) 『高麗圖經』 卷 10, 儀物 2 衛仗.

2) 歸京歡迎衛仗[65]

왕이 순행을 마치고 돌아오면 맞이하는 귀경환영위장이 정해져
있는데 이를 살펴보면 다음과 같다.

先排隊·淸遊隊·防牌隊·白甲隊·銀骨朵子隊·銀粧長刀隊·銀
䪌斫子紅羅號隊·中禁班·都知班·牽龍班·玄武軍隊·衛身馬隊·
後殿隊 등이 모두 같이 왕의 행차를 맞이하였다.

① 先排隊

領將軍 1명, 장교 6명, 軍士 100명으로 약 107명이다. 영장군은 비
단 옷에 띠를 띠고 칼을 차고 기를 들고 말을 탄다. 장교는 방각모자
와 자색 옷에 띠를 띠고 칼을 차고 기를 든다. 군사는 자색 옷을 입
고 기를 든다.

② 淸遊隊

領都將 2명, 장교 6명, 軍士 100명으로 총 108명이다. 영도장과 장
교는 방각모자를 쓰고 자색 옷을 입고 띠를 띠고 칼을 차고 기를 들
고 말을 탄다. 군사는 청색 옷을 입고 동심결로 맨 활집을 휴대하고
말을 탄다.

③ 防牌隊

領將校 10명, 軍士 200명으로 총 210명이다. 영장교는 갑옷을 입고
칼을 차고 기를 든다. 군사는 갑옷을 입고 흰 자루의 기창을 든다.

④ 白甲隊

領都將 2명, 장교 10명, 軍士 150명으로 총 162명이다. 영도장·장
교·군사 모두 방패대의 복색과 같다.

---

65) 『高麗史』 卷 72, 志 26 輿服.

⑤ 銀骨朶子隊

領將校 2명, 軍士 40명, 景靈殿判官 1명, 淸道 1명, 軍士 4명, 前行馬 14필(14명), 控軍士 28명 등 총 90명이 좌우로 갈라선다. 영장교는 방각모자와 자색 옷에 띠를 띠고 칼을 차고 기를 든다. 군사는 검은 비단 모자를 쓰고 자색 소매 좁은 옷을 입는다. 청도는 揷角모자에 자색 옷을 입고 지팡이를 든다. 군사와 공군사는 立角모자를 쓰고 보상화수를 놓은 소매 넓은 옷에 假銀帶를 띤다.

⑥ 銀粧長刀隊

領將校 2명, 軍士 20명, 絞床 1명, 水灌子 1명, 軍士 4명, 御甲擔 1명, 軍士 4명 등 총 33명이다. 영장교는 방각모자를 쓰고 자색 옷을 입고 칼을 차고 기를 든다. 복장은 前行馬 군사의 것과 같다. 수관자 군사는 비단모자를 쓰고 비단 옷에 가은대를 띠며 어갑담군사의 복색은 은장장도대와 같다.

⑦ 銀斜斫子紅羅號隊

領將校 2명, 軍士 20명, 國印 1명, 書詔寶擔 1명, 軍士 12명, 莊嚴弓 12명, 將校 12명, 孔雀傘 1명, 軍士 6명, 黃傘 1명(左), 紅傘 1명(右), 軍士 4명, 引駕 1명, 平輦 1명, 護輦都將 2명, 장교 2명, 軍士 32명, 銀毬仗 殿省南班貝 40명, 孔雀傘 1명, 軍士 6명, 홍색 양산 1명, 황색 양산 1명, 초요련 1명, 護輦都將 2명, 將校 2명, 軍士 48명, 罕 1명(左), 畢 1명(右), 軍士 4명, 靜鞭承旨 4명, 水精杖 1명(左), 鉞斧 1명(右), 都將 2명, 銀斫子紅羅號 4명, 軍士 4명, 戟幡 4명, 軍士 8명으로 총 247명이다.

영장교는 방각모자와 자색 옷에 띠를 띠고 칼을 차며 기를 든다. 군사는 자라관에 홍배자와 녹라한삼을 입는다. 국인군사 12명은 검은 비단모자와 자색 소매 좁은 옷에 가은대를 띤다. 장교 12명은 방각모자와 비단 옷에 띠를 띤다. 군사 4명은 금화모자와 비단 옷에 띠를 띤다. 인가는 방각모자와 비단 옷에 띠를 띠고 지팡이를 짚는다. 장교 2명은 방각모자와 비단 옷에 띠를 띠고 칼을 찬다. 군사 32명은 입각모자와 보상화수를 놓은 소매 넓은 옷에 가은대를 띤다. 은구장 전성남반원은 자색공복에 홍정을 띠고 말을 탄다. 군사 48명은 護平輦과 같고 군사 4명은 비단모자와 비단 옷에 띠를 띤다. 정편승지는 방각모자와 비단 옷에 띠를 띤다. 도장 2명은 정편승지와 같으며 은작자홍라호의 뒤를 따르는 軍士 4명은 붉은 갑옷을 입고, 戟幡에 따르는 軍士 4명은 흰 갑옷을 입는다.

⑧ 中禁班

指諭 2명, 行首 2명, 班士 20명으로 총 24명이다. 지유는 방각모자를 쓰고 비단 옷에 띠를 띠고 칼을 찬다. 행수는 갑옷을 입고 칼을 차고 기를 든다. 반사는 갑옷을 입고 칼을 차며 앞장 선 자는 彈弓을 든다.

⑨ 都知班

영지유 2명, 행수 2명, 반사 20명, 홍수선 12명, 공작선 4명, 반룡선 2명, 승지 18명, 靑曲柄大傘 1명, 협군사 4명, 양산 1명, 夾軍士 2명 등 총 68명이다. 도지반 뒤에 왕이 탄 수레가 길 복판에 선다. 즉, 牽龍班 앞이다. 영지유의 의복은 중금반 도장의 것과 같다. 행수는 방각모와 비단 옷에 띠를 띠고 칼을 차며 기를 든다. 반사는 방각모자에 비단 옷을 입고 띠를 띠고 紅羅號黑幹斫子를 쥔다. 승지는 방각모와 비단 옷에 띠를 띤다. 또 협군사는 금화모자와 비단 옷에 띠를 띤다. 홍라는 왕의 수레에 치는 장막이며 홍라호는 왕의 의장을 의미한다. 흑간작자는 검은 창에 두 쪽으로 날을 세운 나무도끼를 꿴 의장이다. 공작선·반룡선·청곡병대산 등은 양산의 일종이다.

⑩ 牽龍班

행수 2명, 軍士 20명, 은작자홍라호 4명, 낭장 4명, 상장군 2명, 대

장군 2명, 천우비신장군 4명, 후행마 4필(4명), 控軍士 8명으로 총 50
명이다. 牽龍班의 앞에 왕이 탄 수레가 선다. 행수·군사의 복장은
도지반과 같고, 낭장은 청곡병대산협군사와 복장이 같다. 또 상장
군·대장군은 비단 옷에 紅鞓을 띠고 말을 타며, 천우비신장군은 비
단 옷에 띠를 띠고 칼을 차며 말을 탄다. 공군사는 검은 비단모자에
자색 옷을 입고 가은대를 띤다.

⑪ 玄武軍隊

領都將 2명, 장교 10명, 軍士 100명으로 총 112명이 좌우로 갈라 선
다. 軍士들은 가죽 갑옷을 입는다. 영도장은 자색 갑옷을 입고 칼을 차
고 기를 든다. 장교는 앞과 같다. 군사는 가죽 갑옷을 입고 칼을 든다.

⑫ 衛身馬隊

領都將 2명, 장교 20명, 軍士 400명으로 총 422명이다. 軍士들은
활집을 휴대하고 갑옷을 입고 말을 타고 좌우로 갈라선다. 영도장과
장교는 갑옷을 입고 칼을 차고 기를 들고 말을 탄다.

⑬ 後殿隊

領將軍 1명, 장교 5명, 軍士 100명, 우산 2명, 軍士 2명, 敎坊樂官
100명, 安國伎 40명, 雜劇伎 160명으로 총 410명이다. 영장군은 방각
모자와 비단 옷에 띠를 띠고 칼을 차며 기를 들고 말을 탄다. 장교는
자색 옷에 띠를 띠고 칼을 차며 기를 든다. 군사는 자색 옷에 칼을
찬다. 군사 2명은 검은 비단모자와 자색 소매 좁은 옷에 가은대를
띤다. 행차가 儀鳳門에 도착하여 교시를 내릴 때에는 衛仗 대열을
돌려 세우고 충정의 의식을 거행한다. 吹角軍士[66] 10명은 모두 행차
앞에 서고 吹螺軍士[67] 10명은 행차 뒤에서 각각 좌우로 갈라선다.

---

66) 大角 따위를 부는 군사, 대각은 금속 관악기인데 은으로 만들고 나팔은 비
　　교적 크고 길죽하게 생겼다.
67) 소라를 부는 군사.

3) 남경을 순행하고 돌아오는
행렬을 환영하는 鹵簿[68]

왕이 남경을 순행하고 개경으로 돌아오면 紅門大旗 2, 天下大平旗 1, 四海永淸大旗 1, 二儀交泰大旗 1 등 수십기와 引將校 夾軍士 등 약 700여명의 인원이 왕의 행렬을 맞이하였다. 이것이 그대로 실시되었는지는 확실히 알 수 없지만 의례화된 것으로 보인다.

이상에서 살펴 본 바를 정리하면 <표 14>[69] <표 15>[70]와 같다.

南京巡幸 軍士의 복장은 그 색깔이 다양했음을 알 수 있다. 대체로 紫色 옷을 많이 입고 緋色·靑色·白色·黑色 등도 입었다. 放角·立角·揷角·金畵 등의 모자를 쓰고 띠를 띠었으며, 옷은 비단·명주 등의 좋은 천으로 만들고 寶祥花袖를 놓아 화려하게 꾸몄으며, 말을 타는 것이 일반적이다.

儀物은 조선시대와 마찬가지로 군사적인 요소인 도끼·칼·창·활·지팡이 등과 그늘을 만들거나 시원하게 해주는 상서로운 의미를 내포하는 傘·扇과 청각적인 鼓吹 악기를 사용하여 통치자의 절대권력을 부각시키려고 하였다.[71]

결론적으로 정리해 보면 삼국시대의 巡幸의 목적은 정치활동의 연장으로서 백성을 돌아보고 임금의 은전을 내리는데 있었다. 고려시대에 南京으로의 巡幸을 시행하기 이전에는 西京으로의 巡幸이 많이 시행되었는데 이는 군사적인 성격을 띤 국방이 목적이었다.

문종 대에 들어와서 南京을 건설하고 숙종 이후에 南京으로의 巡幸이 시행되었다. 이는 風水圖讖思想에 입각하여 南京地域을 중시

---

68) 『高麗史』 卷 72, 志 26 輿服.
69) 『高麗史』 卷 72, 志 26 輿服. '西南京巡幸衛仗'에서 정리하였음.
70) 『高麗史』 卷 72, 志 26 輿服. '西南京巡幸回駕奉迎衛仗'에서 정리하였음.
71) 백영자, 앞의 책, 9쪽.

하고 王都의 壽命을 연장시키려고 한 祈福的인 것이었다. 물론 의례적인 巡幸을 시행한 것이 아니고 유람의 의미나 사냥 등도 병행되어 시행되고 있다.

南京巡幸에서 돌아 온 후에는 삼국시대와 마찬가지로 사면령을 내려 죄수들을 석방하고 현지와 경유지 백성의 노고와 경제적 소모를 감안하여 그 해의 租稅를 반으로 감해주는 등 王으로서 惠政을 베풀고자 한 의지를 엿볼 수 있다. 南京으로 巡幸한 왕의 행렬이 끼친 민폐에 대한 왕의 배려였다고 볼 수 있다.

南京으로의 巡幸時 平章事를 비롯한 參知政事·權知樞密院副使·御史臺事 등이 수행하고 있으며 巡幸期間은 開京에서 南京까지 가는데 약 14일 정도 소요되고 도착하여 12일 정도를 머문 후 다시 14일에 걸쳐서 돌아간다고 볼 때 대략 40일 정도가 걸렸다.

한편 巡幸時에는 현지의 관리들은 백성을 暴斂하여 임금의 食饌을 사치스럽게 하고 고관들에게 뇌물을 주어 환심을 사려고 하였기 때문에 현지 주민들의 피해가 컸고 백성들의 원성이 높았다.

우리나라에 왔던 宋의 사신 徐兢이 오랑캐에 비해 찬연히 빛나 볼 만하다고 하였듯이 巡幸衛仗은 매우 화려하고 장대하였다. 왕의 위엄을 대외에 과시하기 위하여 약 1,000여명이 넘는 인원이 巡幸에 참가하고 맞이하는 인원도 대략 2,000여명이 넘었으며 대궐에서 맞이하는 인원도 대략 700명에 달하였다.

호위대인 先排隊·淸遊隊·白甲隊·骨朶子隊·銀粧長刀隊·白斁斫子洪羅號隊 등의 군사가 각기 정해진 복장을 하고 호위하였다. 호각 부는 군사는 행차 전면 좌우로 갈라서고 취라군사는 행차 뒤에 따랐다. 三國時代에 행해진 巡幸에 비하면 매우 규모가 커졌으며 서경순행위장과 同格으로 행하였다.

<표 14> 南京巡幸衛仗[69]

위장대명	구성원	인원	모 자		옷	띠	칼	기	말	활	지팡이	도끼
先排隊	領將軍	1	○	放角	紫色	○	○	○	○			
	將　校	2			〃	○	○	○				
	軍　士	20			〃		○					
	引將校	25			〃	○	○	○				
	夾軍士	50	○	平巾幘	진홍색상의·한고							
淸遊隊	領都將	4	○	방각	자색	○	○	○	○			
	將　校	4			〃	○	○	○	○			
	軍　士	40			푸른색	○(동심결)			○	○(활집)		
白甲隊	領都將	2	○	방각	자색		○	○				
	將校	2			자색	○	○	○				
	軍　士	80			푸른색	○(동심결)		○(기창)				
骨朶子隊	領將校	2	○	방각	자색		○	○				
	軍　士	12	○	검은색비단	자색(명주)	○						
	淸　道	1	○	揷角	자색	○					○	
	軍　士	6	○	검은색비단	자색(명주)	○						
	軍　士	6	○	삽각	보상화수	○(假銀帶)						
	控軍士	24	○	입각	〃	○(假銀帶)						
銀粧長刀隊	領將校	2			자색		○	○				
	軍　士	10	○	입각	보상화수	○						
	軍　士	4	○	검은색비단	자색	○						
	軍　士	4	○	〃	〃	○						

69) 西南京巡幸衛仗에서 정리하였음.

위장대명	구성원	인원	모 자		옷	띠	칼	기	말	활	지팡이	도끼
白幹斫子洪羅號隊	領將校	2			자색		○	○				
	軍 士	12	○	紫羅冠	홍색배자·녹색한삼							
	軍 士	12	○	검은색비단	자색(명주)	○						
	細弓箭將校	6			자색	○						
	承 旨	10	○	방각	〃	○						
	夾軍士	6	○	검은색비단	〃	○						
	軍士	4	○	〃	〃	○						
	靜鞭承旨	4	○	방각	〃	○						
	都將	2	○	〃	〃	○						
	引駕	1	○	〃	〃	○						
中禁班	領指諭	2			〃	○	○					
	行首	2			〃	○	○	○				
	班士	20			〃	○	○			○(탄궁)	○	
都知班	領指諭	2	○	방각	〃	○	○					
	行首	1			〃	○	○	○				
	班士	16			〃	○						○(흑간)
護輦牽龍班	班士	14	○	金畵	〃	○						
	控鶴	24	○	紫羅冠	〃	○						
	護輦子將校	1			〃	○	○					
	軍士	30	○	紫羅冠	〃	○						
	御弓箭將軍	1	○	방각	〃	○				○		

위장대명	구성원	인원	모 자		옷	띠	칼	기	말	활	지팡이	도끼
護釐牽龍班	左右上將軍	2	○	방각	자색	○			○			
	千牛大將軍	2	○	〃	〃	○			○			
	千牛備身將軍	4	○	〃	〃	○			○			
	備身將軍	4	○	〃	〃	○			○			
玄武隊	領都將	2	○	〃	〃	○	○	○				
	將校	2			〃	○	○	○				
	軍士	30			푸른색	○(동심결)	○					
	控軍士	12	○	검은색비단	자색(명주)	○						
衛身馬隊	領都將	2	○	방각	자색	○	○	○	○			
	將校	2			〃	○	○	○	○			
	軍士	30			푸른색	○(동심결)			○	○(활집)		
	細弓箭軍士	46			〃	○						
	軍士	4	○	검은색비단	자색(명주)	○						
後殿隊	領將軍	1	○	방각모	자색	○	○	○	○			
	都將	2	○	〃	〃	○	○	○	○			
	將校	2			〃	○	○	○				
	軍士	30			〃	○	○					
巡檢左右府	領都將	2	○	방각모	〃		○	○	○			
	指諭	6	○	〃	〃		○	○	○			
	軍士	150			청자색						○(兵扙)	

<표 15> 南京巡幸回駕奉迎衛仗[70]

위장대명	구성원	인원	모 자		옷	띠	칼	기	말	활	지팡이	도끼
先排隊	領將軍	1			비단	○	○	○	○			
	將校	6	○	방각	자색	○	○	○				
	軍士	100			〃			○				
淸遊隊	領都將	2	○	방각	〃	○	○	○	○			
	將校	6	○	〃	〃	○	○	○	○			
	軍士	100			청색			○		○(활집)		
防牌隊	領將校	10			갑옷	○	○					
	軍士	200			〃			○(기창)				
白甲隊	領都將	2			〃	○	○					
	將校	10			〃	○	○					
	軍士	150			〃			○(기창)				
銀骨朵子隊	領將校	2	○	방각	자색	○	○	○				
	軍士	40	○	검은색비단	〃							
	淸道	1	○	삽각	〃						○	
	軍士	4	○	입각	보상화수	○(가은대)						
	控軍士	28	○	〃	〃	〃						
銀粧長刀隊	領將校	2	○	방각	자색		○	○				
	軍士	20	○	입각	보상화수	○(가은대)						

70) 西南京巡幸回駕奉迎衛仗에서 정리하였음.

위장대명	구성원	인원	모 자		옷	띠	칼	기	말	활	지팡이	도기
銀粧長刀隊	軍士	4	○	비단	비단옷	○(가은대)						
	軍士	4	○	입각	보상화수	○(가은대)						
銀鞍斫子洪羅號隊	領將校	2	○	방각	자색	○	○	○				
	軍士	20	○	자라관	홍배자·녹라한삼							
	軍士	12	○	검은색비단	자색	○(가은대)						
	將校	12	○	방각	비단옷	○						
	軍士	4	○	금화	비단옷	○						
	引駕	1	○	방각	〃	○					○	
	將校	2	○	방각	비단옷	○	○					
	軍士	32	○	입각	보상화수	○(가은대)						
	銀毬仗殿省南班員	40			자색공복	○(홍정)			○			
	軍士	48	○	입각	보상화수	○(가은대)						
	軍士	4	○	비단	비단옷	○						
	靜鞭承旨	4	○	방각	〃	○						
	都將	2	○	〃	〃	〃						
	軍士	4			붉은갑옷							
	軍士	8			흰갑옷							
中禁班	指諭	2	○	방각	비단옷	○	○					
	行首	2			갑옷		○	○				
	班士	20			〃		○				○(탄궁)	
都知班	領指諭	2	○	방각	비단옷	○	○					
	行首	2	○	〃	〃	○	○	○				

위장대명	구성원	인원	모 자		옷	띠	칼	기	말	활	지팡이	도끼
都知班	班士	20	○	방각	비단옷	○						○(흑간)
	承旨	18	○	〃	〃	○						
	夾軍士	4	○	금화	〃	○						
	夾軍士	2	○	금화	비단옷	○						
牽龍班	行首	2	○	방각	〃	○						
	軍士	20	○	금화	〃	○						
	郎將	4	○	〃	〃	○						
	上將軍	2			〃	○(홍정)			○			
	大將軍	2			〃	○(홍정)			○			
	千牛備身將軍	4			〃		○		○			
	控軍士	8	○	검은색비단	자색	○(가은대)						
玄武軍隊	領都將	2			자색갑옷		○	○				
	將校	10			〃		○	○				
	軍士	100			가죽갑옷		○					
衛身馬隊	領都將	2			갑옷		○	○	○			
	將校	20			〃		○	○	○			
	軍士	400			〃				○	○(활집)		
後殿隊	領將軍	1	○	방각	비단옷	○	○	○	○			
	將校	5			자색옷	○	○	○				
	軍士	100			〃	○						
	軍士	2	○	검은색비단	자색	○(가은대)						

제VI장

南京 遷都

高麗時代에 끊임없이 제기되었던 南京과 西京으로의 遷都論과 離宮建設論議는 지배층의 위기의식의 소산이라는 의견[1]과 風水地理說에 근거를 둔 천도라는 견해[2]가 있다. 그리고 고려왕조가 시행한 천도에 대해서는 항구적인 천도가 아니고 장차 항구적 천도를 전제로 하는 시행적 천도에 불과한 것이라는 주장[3]도 있다. 그 이유는 遷都 後 계속 南京을 首都로 유지한 것이 아니라 몇 달 후 開京으로 還都하였기 때문이다.

高麗時代에 계속되어 온 南京으로의 遷都는 巡幸인지 혹은 遷都인지 검토할 필요가 있으며, 천도를 한 것이었다면 '왜 다시 還都했을까'에 관해 확인해 보고자 한다. 恭愍王부터 禑王·恭讓王 등 3대에 걸쳐 천도 논의가 거듭되었는데 차례로 검토하기로 한다.

---

1) 국사편찬위원회, 『한국사』 5, 1994, 96쪽.
2) 李丙燾, 『高麗時代의 研究』, 亞細亞文化社, 1980.
   閔丙河, 「高麗時代의 漢陽」 『鄕土서울』 32호, 서울特別市史編纂委員會, 1968.
   朴漢卨, 「高麗時代의 서울地方」 『서울六百年史』 1권, 서울特別市史編纂委員會, 1977.
3) 閔丙河, 위의 글, 26쪽.

1. 恭愍王代의 遷都

1) 遷都 動機

고려는 풍수도참사상에 의거하여 文宗·肅宗代에 계속하여 거론
되어 오던 遷都의 意志를 마침내 恭愍王代에 와서 실현시킨다. 공민
왕은 元나라로부터의 독립의지를 여러 면에서 나타내고 있는데, 특
히 수도를 옮김으로써 당시 약화되어 가는 元으로부터 自主權을 회
복하려고 했던 것으로 보인다.

禑王 14년(1388) 6월에 大軍이 경성 근방 교외에 와서 주둔하고
글을 써서 金完에게 주어 임금에게 전하기를

> 우리 공민왕이 지성으로 대국을 섬겼으며 천자가 일찍이 우리를 친
> 일이 없었는데 이제 崔瑩이 집정대신이 되어 조상 때부터 대국을 섬
> 기는 뜻을 받들지 않고 먼저 대병력으로 장차 상국을 침범코자 하여
> 이 무더운 여름철에 뭇사람을 동원하였습니다. 그리하여 전국의 농사
> 가 폐농이 되고 또 왜적들이 빈 틈을 타서 깊이 침입하여 우리 백성
> 들을 죽이고 나라의 창고들을 불태웠습니다. 그뿐 아니라 한양으로
> 국도를 옮겨서 전국의 인심이 소요스러워졌습니다. 지금에 최영을 버
> 리지 않으면 반드시 나라가 전복되고 말 것입니다.[4]

라고 하였다. 이 기사에 의해 元으로부터 자주권을 찾기 위해 천도
한 것을 짐작할 수 있으며 천도 후에 난세였음도 함께 알 수 있다.
그러나 백악궁궐로 천도한 후 내린 교서를 통하여 직접적인 천도의
동기를 알 수 있다.

---

4) 『高麗史』 卷 137, 列傳 50 辛禑 14年 6月 癸卯.

때가 多難하여 恩德이 아래까지 내려가지 못하고, 병란이 계속 일어나고, 각종 재앙과 천재지변이 빈번히 발생하여 국가의 운명을 연장시키고자 하는 의도이며 도선의 말을 듣고 이 언덕으로 도읍터를 잡았다.5)

즉, 위의 교서내용으로 보면 천도의 동기는 風水圖讖思想에 근거한 것이 가장 큰 이유로 보인다.

공민왕은 왕 2년(1353)에 判書雲觀事 陣永緒에게 명하여 南京의 터를 보라 하고6) 가족을 거느리고 성 밖으로 나가는 것을 금지하고 있는데, 南京의 지세를 보고 집터를 구하게 한 후부터는 인심이 동요하여 男負女戴하고 남쪽으로 가는 자가 저자에 가는 것같이 많으므로 이를 금한 것이다.7)

6개월 후 南京宮闕을 보수하게 하고8) 또 공민왕 6년(1357) 정월에는 왕이 봉은사에 가서 태조 眞殿에 참배하고 한양에 천도할 일에 대하여 점을 쳤더니 왕의 손에 '靜'자가 잡혔다. 다시 李齊賢에게 명하여 점을 치라 하였더니 '動'자를 얻었다. 왕이 기뻐하여 '그대가 몸을 깨끗이 하고 제사하여서 길한 점괘를 얻었으니 참으로 나의 마음이 흡족하다'9)고 하여 천도라는 큰 국가적 과제를 앞에 두고 점을 행한 것으로 생각된다. 그리고 南京에 궁궐을 영조함으로 인하여 楊

---

5)『高麗史』卷 39, 世家 39 恭愍王 10年 2月 辛卯.
  屬時多難 澤罔下究 干戈迭興 灾異屢見 予爲此懼 用道詵言 于胥斯原.
6)『高麗史』卷 39, 世家 39 恭愍王 5年 6月 丁丑.
7)『高麗史』卷 39, 世家 39 恭愍王 5年 6月 壬午.
  禁人挈家出城 自相地南京 人心動搖 負戴南行者 如歸市 故禁之.
8)『高麗史』卷 39, 世家 39 恭愍王 5年 12月 丙寅.
  宥輕罪 修葺南京宮闕.
9)『高麗史』卷 39, 世家 39 恭愍王 6年 正月 壬辰.
  王如奉恩寺 謁太祖眞殿 卜遷都漢陽 王探珓 得靜字 癸卯更命李齊賢 卜之得
  動字 王喜曰卿禋祀得吉卜實副予心.

136 高麗時代 南京 研究

廣道의 그 해 屯田을 그만 두라고 하였다.10)

공민왕 9년(1360) 정월에 太廟에서 천도에 관하여 점을 쳤더니 불길한 괘를 얻었다. 그때 한양의 궁궐을 수축하는 사람들이 많이 凍死하였다.11) 공민왕은 3년 전인 왕 6년(1357)에 점을 쳐보았지만 이제 다시 또 점괘를 보고 있는데 이것으로 미루어 보아도 그가 천도에 신중을 기하고 있음을 알 수 있다.

同王 9년 7월에 왕이 白岳으로 가서 천도할 땅의 지세를 살핀 바 있다. 白岳은 臨津縣 북쪽 5리에 있으며12) 이에 관한 기사는 다음과 같다.

　　白岳의 궁궐을 영조하기 시작하였다. 이에 앞서서 南京에 천도하고자 하여 前 漢陽尹 李安을 파견하여 그 성곽과 궁궐을 수축케 하였더니 이것이 백성에게 커다란 고통이 되었고 太廟에서 점을 쳐도 점괘가 불길하였다. 그럼에도 불구하고 이 공사를 일으켰는데 그때 사람들이 이를 新京이라 하였다.13)

공민왕이 白岳의 새 궁으로 옮기고14) 이듬해인 동왕10년에 교서를 내리기를,

---

10) 『高麗史』 卷 39, 世家 39 恭愍王 6年 正月 甲辰.
　　以營南京宮闕 除楊廣道 今年屯田.
11) 『高麗史』 卷 39, 世家 39 恭愍王 9年 正月 丙辰.
　　卜遷都于太廟 不吉 時 修漢陽城闕 人多凍死.
12) 『高麗史』 卷 39, 世家 39 恭愍王 9年 7月 乙卯.
　　朔 幸白岳 相親遷都之地 白岳在臨津縣北五里.
13) 『高麗史』 卷 39, 世家 39 恭愍王 9年 7月 辛未.
　　始營白岳宮闕 先是欲遷都南京 遣前漢陽尹李安 修其城闕 民甚苦之 卜于太廟 不吉 又興是役 時人謂之新京.
14) 『高麗史』 卷 39, 世家 39 恭愍王 9年 11月 辛酉.
　　移御白岳新宮.

　내가 왕위에 오른 이래로 하늘을 두려워하고 백성을 사랑하며 선
대의 유훈을 반드시 준수하여 나라를 다스리고자 하는 마음이 항상
간절하다. 그런데 때가 다난하여서 은덕이 아래에까지 내려가지 못
하고 병란이 계속 일어나며 각종 재앙과 천재지변이 빈번히 발생하
고 있다. 내가 이를 두려워 한 나머지 도선의 말을 듣고 이 언덕을
도읍터로 잡았으니 이는 국가의 운명을 영원히 연장시키려는 의도이
다. 신하들과 백성들이 이 공사에 분주하게 동원되니 그 노력과 비용
이 실로 컸다. 내가 어찌 나라를 근심하는 大計를 모를 리가 있으랴.
그러나 이렇게 하지 않을 수가 없었다. 모든 사업이 시작되었으니 우
선 어진 은덕을 널리 베풀어야겠다. 그런 즉, 참형·교형 이외의 죄
수들을 모두 용서하여 주어라. 북방 전역의 전사자에 대하여는 구제
해 주어야 하니 그들의 자식에게는 모두 벼슬을 주고 자식없는 자들
에게는 그 집을 구호할 것이다. 그리고 근년에는 병란과 흉작으로 백
성의 살길이 막막하며 또 요동과 심양지방의 유랑민들이 와서 귀환
한 자가 많다. 이들에 대해서도 해당 기관을 시켜 특별히 그들을 잘
구제해 주어라. 天意에 순응하는 길은 오직 지성 그것 뿐이요. 백성
을 사랑하는데는 실속 있는 혜택을 주는 것보다 더 좋은 것이 없다.
너희 신하들은 누구나 자기 정성을 다하여 나의 덕화를 도우라.[15]

고 하였는데 위의 교서의 내용에서 공민왕이 천도하고자 하는 이유
를 알 수 있다. 첫째, 때가 다난하여 은덕이 아래에까지 내려가지 못
하고, 둘째, 병란이 계속 일어나고, 셋째, 각종 재앙과 천재지변이 빈
번히 발생하고, 넷째, 국가의 운명을 연장시키고자 하는 의도이며,
다섯째, 도선의 말을 듣고 이 언덕으로 도읍터를 잡았다. 즉, 교서의

---

15) 『高麗史』 卷 39, 世家 39 恭愍王 10年 2月 辛卯.
　　教曰 予自踐位以來 畏天愛民 祖訓是式 願治之心 常切于衷 屬時多難 澤罔
　　下究 干戈迭興 灾異屢見 予爲此懼 用道詵言 于胥斯原 盖將續大命于無窮也
　　載惟臣庶 奔走服事 勞費實重 豈不知恤 國之大計 不敢不圖 庶事伊始 宜布
　　仁恩 其二罪以下 並皆原免 北征戰亡者 宜加贈恤 仍令悉官其子 無後者 瞻
　　恤其家 近因兵荒 民不聊生 又遼瀋流民 歸化者衆 並令攸司優加賑恤 於戱
　　應天者 惟以至誠 愛民者 莫如實惠 惟爾臣僚 各盡乃心 以輔台德.

내용으로 보면 천도의 동기는 정치적·군사적인 목적과 함께 風水
圖讖思想에 근거한 것이 가장 큰 이유로 보인다.

그러나 3개월 후에 왕과 공주가 太妃를 모시고 白岳으로부터 돌
아왔는데,[16] 이로 인하여 천도가 아닌 순행으로 오해를 받을 수 있
다. 이 기사는 환궁을 한 이유도 나와 있지 않고 한시적인 환궁인지
영구적인 환궁인지 알 수가 없다. 단지 공민왕대 앞뒤의 기사에 의
해 환궁 이유를 추측해 볼 수 있다.

전라 양광도 방어사 金鉉이 왜적의 배 5척을 납포하고 30여명을
살상 포로로 하였고[17] 왜적이 南海縣에 불을 질렀다.[18]

위의 기사 내용으로 보아 당시 왜적의 침입으로 인하여 북쪽인 개
경으로 환도한 것이 아닌가 추론할 수 있다. 왜냐하면 새로 천도해
간 白岳지역(현재의 長湍 지역)인 新京보다는 開京이 남해안의 왜적
침략지와는 거리가 멀리 떨어져 있기 때문이다. 물론 왜적이 남해안
에 나타났기 때문에 거리상으로 먼 지역이기는 하지만 천도한 지 얼
마 되지 않아 일어난 침략이므로 매우 긴박하였음을 짐작할 수 있다.

교서에서 알 수 있듯이 병란과 재앙이 자주 일어나 천도하였으나
천도 직후 왜적의 침략이 있었으니 천도의 효과가 없음을 인식한 것
으로 생각된다. 그 후 다시 白岳으로 再遷都했다는 기사는 보이지
않는다.

---

16) 『高麗史』 卷 39, 世家 39 恭愍王 3月 丁巳.
　　王及公主奉太妃至自白岳.
17) 『高麗史』 卷 39, 世家 39 恭愍王 2月 甲辰.
　　全羅楊廣道防禦使金鉉 捕倭船五艘 殺獲三十餘人.
18) 『高麗史』 卷 39, 世家 39 恭愍王 3月 丁巳.

2) 遷都 地域

공민왕대의 천도지역을 살펴봄에 있어서 유의해야 할 내용은 '南京으로 천도하고자 하여 南京에 궁궐을 수축하였으나 불길하여 白岳으로 옮겼다'고 하는 것이다. 그러므로 공민왕대의 新京은 白岳에 있었음을 알 수 있다. 또한 여기서 白岳은『高麗史』「地理志」에 의하면 臨津縣 북쪽 5리에 있다고 하였다.

백악지역의 위치를 정확히 알기 위해 臨津縣을 「地理志」에서 살펴보면

臨津縣은 원래 高句麗의 臨津城縣인데 新羅 景德王이 지금 명칭으로 고쳐서 개성군의 관할하에 현으로 만들었다. 현종 9년에 장단현의 소속 현으로 되었다가 문종 16년에 본부에 소속시켰으며 공양왕 원년에 監務를 두었다. 新京의 옛터가 있고 臨津나루가 있다.19)

라고 하였다. 여기서 북쪽으로 5리를 더 가서 新京을 세웠다고 하니 白岳이 한양의 白岳(北岳)과 위치가 다름을 알 수 있다. 여기서 나타나는 白岳의 위치는 현재의 황해도와 경기도의 경계선 부근인 長湍 근처로 추측된다.20)

長湍에 대한 기사를 보면

長湍都護府의 白岳은 임진현 북쪽에 있는데 고려에서 풍덕 백마산을 右蘇로 삼고 白岳을 左蘇로 삼았다. 공민왕 9년에 도읍을 南京

---

19)『高麗史』卷 56, 志 10 地理 1.
　　臨津縣 本高句麗臨津城縣 新羅景德王改 今名爲開城郡領縣 顯宗九年爲長湍縣屬縣 文宗十六年來屬 恭讓王元年置監務 有新京舊址 有臨津渡.
20) 이와 같은 의견으로 민병하의 「앞의 글」 16쪽에 명종조에 長湍郡 白鶴山을 白岳으로 본 귀절이 나온다.

으로 옮기려고 太廟에서 점쳐보니 불길하여 결국 옮기지 않았다. 그
때에 친히 이 산에 거둥하여 땅을 살펴보고 산 남쪽에 대궐을 지었
는데 주위가 720보였다. 당시 사람들이 新京이라 하였다.21)

라고 하여 恭愍王이 옮긴 곳은 白岳인데 도선의 말을 듣고 이 언덕
으로 도읍터를 삼았다고 하였다. 그러므로 공민왕은 도선이 국가의
운명을 연장시키기 위하여 천도를 주장한 지역을 장단의 白岳으로
이해한 것 같다.

한편 공민왕대의 普愚가 한양으로 천도할 것을 奏請하여 천도를
단행했다는 견해도 있다.22)

僧 普愚가 참설로서 왕에게 한양에 도읍하면 36국이 조공할 것이
라고 하니 왕이 그 말에 미혹되었다. 보우는 그의 『法語集』에서도
언급하여 '일찍이 王氣를 살펴보건대 개경에 계속 도읍한다면 태조
때와 같은 전성기를 맞이하기 어렵고 만약에 남쪽의 한양으로 천도
한다면 온 백성이 은택을 입을 것이다' 라고 한양천도 건의를 하고
있다. 그리고 보우가 한양천도를 주청한 연도를 奇氏一派를 제거한
다음 달인 공민왕 5년(1356) 6월로 보았다.

왕은 보우의 천도 요청을 받아들여 한양에 궁궐을 수축하도록 여러
차례 독려하였으나 한양천도가 무산된 것으로 보고있다. 당시 한양
궁궐의 수축은 민심과 관계없이 3년 7개월이라는 장구한 세월을 요하
는 대역사였으나 공민왕 8년(1359)부터의 홍건적 침략으로 무산되었
고 결국 공민왕 9년(1360) 이후로는 한양천도가 다시 거론되지 않고
있어 결국 천도는 실현되지 못하였다고 하는 것이 그 내용이다.

공민왕대의 천도에 대해 이상선은 다음과 같은 의견을 피력하고

---

21) 『高麗史』 卷 56, 志 10 地理 1 臨津縣.
22) 李相瑄, 「高麗時代 寺院의 社會經濟的 位相에 관한 研究」, 高麗大學校 博
　　士學位論文, 1992.

있다.[23)

첫째, 공민왕과 보우는 공민왕 1년 5월의 일로 高麗史의 기록에 나타나고 있지만 그의 法語集에 의하면 보우가 충목왕 2년 봄부터 동왕 4년 봄까지 2년 동안 원나라를 순력할 때에 이미 연경에서 서로 만난 일이 있었다.

이후 공민왕은 '후일 본국에 돌아가 왕위에 오르면 반드시 왕사 국사로 모실 것을 다짐하였다'고 한 앞서의 약속을 이행하기 위하여 왕실의 莊園인 迷元莊을 수조지로 하사하여 그의 경제적 토대를 마련하여 주었고 아울러 보우는 왕의 자문을 담당하면서 그의 입지를 확보하여 왕이 어려운 입장에 처했을 때마다 공민왕을 잘 보필하여 왕권 안정에 기여하였다.

둘째로 조일신이 연경에서 공민왕을 수종했던 공을 믿고 횡포한 행동을 자행하면서 온갖 권세를 처단하다가 공민왕 1년 9월 기씨 일파를 제거한다는 명분하에 난을 일으켰다. 이에 대해 학계에서는 조일신 난의 성격을 그의 가문과 자신의 입지를 확보하기 위한 권문세족간의 세력다툼으로 이해하고 있다.

그러나 이상선은 조일신의 난은 자신의 내재적 모순으로부터 발생하여 스스로 적을 만든 결과 위기의식을 느낀 나머지 왕조 전복을 기도하다가 자멸한 것으로 보고 있다. 이렇게 된 결과에 공민왕의 자문 역할을 담당하였던 보우도 일조를 하였던 것으로 이해하고 있다.

셋째로 조일신의 난이 실패로 돌아간 결과 기씨 일파가 새로운 실력자로 등장하면서 공민왕의 입지가 어려운 처지가 되었다. 그러나 공민왕은 이를 현명하게 잘 극복하면서 자신의 주변에 친왕세력을 형성하고 이들과 연계하여 왕권의 안정에 노력하였다. 그리고 공민

---

23) 李相瑄, 『高麗時代 寺院의 社會經濟研究』, 성신여자대학교 출판부, 1998, 288~290쪽.

왕은 5년 5월 보우를 책사로 책봉하여 불교계의 통합을 이루게 하고 이를 바탕으로 자신감을 얻어 마침내 기씨일파를 제거하고 왕권안정의 기틀을 마련하였다.

넷째 보우의 한양천도론은 당시의 정세를 이용하여 공민왕의 심중을 파악하고 공민왕을 잘 보필하여 왕권을 보다 더 안정시키겠다는 명분과, 나아가 자신의 세력기반을 잘 닦아 놓은 고향근처의 한양에 천도함으로써 자신의 입지를 강화시키려는 의도에서 나온 것이라고 이해하고 있다.

공민왕은 기씨일파를 제거하고 난 후 새로운 의욕을 가지고 반원개혁정치를 실시하였다. 즉 同王 5년 6월에 원의 연호 사용을 금지하였고 7월에는 忠勇四衛를 설치하여 수도의 방어를 강화시키고 곧이어 관제를 개혁하고 雙城을 수복하는 등 정치개혁을 단행하였다.

그러나 기씨일파의 배후세력인 元을 의식하지 않을 수가 없었다. 그리하여 공민왕 5년 9월 曲城伯 廉悌臣을 서북면의 도원수로 임명하여 서북면 지역의 수비임무를 강화키고 있다. 이러한 상황에서 보우는 공민왕의 심중을 파악하고 한양천도를 주청하였다고 보았다. 한양에 도읍하면 36국이 조공한다는 도참설로써 한양천도를 주청하므로 공민왕이 이 말에 미혹되어 한양에 궁궐을 수축하게 되었다고 보았다.

공민왕은 보우의 천도요청을 받아들여 한양에 궁궐을 수축하도록 여러 차례 독려하였다고 보았다. 한편 보우가 한양천도를 주청한 이유로는 인종에게 묘청이 서경천도를 상언한 내용과 일치하고 있다고 하였다.

묘청은 '서경 임원택의 지리를 살펴보니 이곳은 음양가가 말하는 大華勢라 만약 궁궐을 세워 서경으로 어가를 옮기면 가히 천하를 합병할 것이요. 金國이 폐백을 가지고 스스로 항복할 것이며 36국이

다 신하가 될 것이다'라고 하여 서경으로 천도를 요청한 결과 인종
은 이에 미혹되어 한때 나마 신궁을 건설하고 천도를 결심한 적이
있었다.

보우의 한양천도론을 인종때의 서경천도론과 유사하게 보고 있다.
인종때 묘청이 천도를 주장한 서경과 공민왕때 보우가 천도를 주장
한 한양은 지역만 다를 뿐이지 다같이 그들의 고향과 연결된다는 공
통점을 가지고 있다고 하였다. 묘청이 개경에서 자신의 입지를 확보
하기 어려워 자신의 고향인 서경으로 천도를 주장했던 것처럼 보우
역시 그러한 의도가 있었지 않았나 추측하고 있다. 공민왕 주변의
친왕세력인 유학자들의 견제를 받다보니 국내 정세를 이용하여 자
기의 외향과 가까운 한양에 처함으로써 자신의 입지를 강화해 보려
는 의도가 있었음을 충분히 상정해 볼 수 있다고 하였다.

공민왕 역시 개경에서 두 차례의 정변을 겪고, 또한 원나라를 의
식한 상태에서 신도로 천도는 심기일전하여 새로운 의욕을 가지고
개혁정치를 시도하려 했던 노력과 일치한다고 하였다.

위에서 살펴본 바와 같이 이상선은 보우의 한양천도론은 당시의
정세를 이용하여 공민왕을 잘 보필하여 왕권을 보다 더 안정시키겠
다는 명분과, 나아가 자신의 세력기반을 잘 닦아놓은 고향근처의 한
양에 천도함으로써 자신의 입지를 강화시키려는 의도에서 나온 것
이라는 새로운 각도로 살펴본 글로 설득력이 있다.

이상에서 살펴본 바와 같이 비록 3개월만에 還都하기는 하였으나
공민왕은 白岳지역, 즉 현재의 長湍지역을 道詵이 주장한 천도지로
여기고 왕 9년(1360) 11월에 巡幸이 아닌 遷都를 단행하였고 이듬해
에 교서까지 내리고 있다.24) 공민왕은 '도선의 말을 듣고 이 언덕을
도읍터로 잡아 국가의 운명을 영원히 연장시키려는 의도였다'고 한

---

24) 『高麗史』 卷 39, 世家 39 恭愍王 10年 2月 辛卯.

것으로 보아 도선의 남경으로의 천도 주장을 받아들여 남경천도를
단행하고 장단지역을 그 영역으로 이해한 것이다.

2. 禑王代의 遷都

1) 遷都 動機

우왕의 천도동기에 대하여는 확실히 알 수 없으나 단지 즉위 후 3
년만에 천도논의를 하고 있는데 이 때의 천도장소로는 현재의 강원
도 철원지방이 거론되었다. 수도인 개경이 바닷가에 있어 왜적의 침
공을 받기 쉬우므로 내륙지방으로의 천도를 꾀하고 있는 것이다.
우왕 3년(1377) 5월의 기사를 보면,

서울(개경)이 바닷가에 있어 어느 때 왜적의 불의의 침공을 받을지
모르므로 수도를 내륙지방에 이전하고자 하여, 재상 尹桓 등을 모아
놓고 수도 이전을 찬성한다는 '動'자와 반대한다는 '止'자의 두 글자
를 써 놓고 가부를 물으니, 여러 사람들이 비록 내심으로는 이전을
찬성하지 않으나, 만약 후에 재변이 생기면 화가 자기에게 미칠 것을
두려워하여, 모두 '動'자에 점을 찍고 이름을 적었는데 오직 崔瑩만
이 이를 반대하였다. 慶復興·崔瑩 등이 眞殿에 가서 점을 치자 止
자를 얻었다. 이에 대해

우왕은 "왜적이 바로 곁에까지 침입하였는데 점괘를 좋을 수 있겠
는가."라고 질책하면서 정당문학 權仲和를 철원으로 파견하여 궁궐
지을 자리를 선택하려 하다가 崔瑩이 이를 간하여 반대하자 마침내
중지하게 되었다.[25]

---

25)『高麗史』卷 133, 列傳 46 辛禑 3年 5月 癸未.
　　禑曰倭寇密邇 可從卜耶 遣政堂文學權仲和 相宅于鐵原 瑩諫之 事遂寢.

　이상의 내용으로 보아 우왕의 천도의도는 왜적의 침공을 피하기 위하여서라고 볼 수 있다. 그 후 우왕은 한양으로의 천도를 계속 시도하고 있다. 자료에 의하면 왜적의 침공을 피하고, 천재지변이 있으므로 풍수지리적으로 좋은 한양으로 천도하고자 한 것으로 보인다.

　우왕 4년(1378) 9월에 재상들이 奉恩寺를 찾아 태조의 眞殿 앞에서 수도 이전에 대한 점을 쳤으나 점괘가 나빠 移轉문제가 중지된 바 있었으며26) 그로부터 1년 후에도 다시 수도 이전을 꾀하고 있다. 12월에 左蘇造成都監을 설치하였는데 이는 國史에 '左蘇 白岳山, 右蘇 白馬山, 北蘇 箕達山 등 3개소에 궁궐을 창건한다'는 문구가 있었으므로 당시의 공론이 수도 이전을 추진한 것으로 보아야 한다는 것이다.27)

　禑王 5년(1379)에 다음과 같은 諫官들의 진언이 보인다.

　　"백성은 나라의 근본이라 견고해야 나라가 편안합니다. 근자에 왜적의 침략과 수해 및 한재로 인하여 백성들이 굶고 있으니 구휼하고 농업을 장려해야 할 것입니다. 그런데 지금 後蘇(北蘇, 新溪 箕達山)와 左蘇(長湍 白岳山)의 토건사업이 한창이므로 백성들은 부역에 지쳐서 장차 죽음의 구렁으로 전락하게 되었습니다. 이렇게 되면 농사만 못 지을 뿐 아니라 도토리를 주워 살아갈 수도 없을 것이니 이 역사를 즉시 중단하였다가 가을에 다시 시작하기 바랍니다" 라고 하였으나 禑王이 듣지 않았다. 災變으로 盧囚하였다. (중략) 같은 해 2월에는 흉년이라 하여 연등행사를 중지하고 수도를 좌소로 옮기는 일도 중지하였다.28)

---

26) 『高麗史』 卷 133, 列傳 46 辛禑 4年 9月.
　　宰樞等 詣奉恩寺太祖眞殿 卜遷都 不吉 事遂寢.
27) 『高麗史』 卷 133, 列傳 46, 辛禑 4年 12月.
　　置左蘇造成都監 時 議欲遷都 國史 有左蘇白岳山 右蘇白馬山 北蘇箕達山等　三所創建宮闕之文 故有是役.
28) 『高麗史』 卷 134, 列傳 47 辛禑 5年 正月 乙亥.
　　民惟邦本 本固邦寧 近大倭寇 水旱之災 百姓饑饉 宜加存恤 勸課農棄 而今　者 後蘇 左蘇土木之役 方興不巳 民困力政 將轉于壑 非惟失農 又不能捨橡

이때 궁궐의 위치는 어디였을까 하는 문제가 여러 차례 부각되었다. 金先致傳[29]에 의하면

> 禑王 5년 10월에 삼사좌사 權仲和와 문하평리 曺敏修가 檜巖에 가서 도읍터를 잡았다. 이것은 서운관에서 道詵이 말한 좌소가 바로 이곳이라고 말하였기 때문이다.[30]
>
> 禑王 7년 8월에 서운관에서 국도를 옮길 것을 제의하였으므로 이에 의논하여 한양으로 국도를 옮기기로 하였다.[31]

라고 하였다. 禑王 8년(1382) 2월에 판서운관사 張補之 등이 글을 올려 '변괴가 자주 나타나니 서울을 옮기어 재앙을 피하기 바랍니다'라고 말하였으므로 禑王이 그 글을 도당으로 보냈으나 李仁任이 불가하다고 고집하여 그 문제가 중지되었다.[32] 그리고 8월에 한양으로 서울을 옮길 것을 토의하여 결정하였고, 이에 간관이 상소하여 중지하기를 청하였으나 禑王은 듣지 않았다.[33]

위에서 보이는 遷都地는 檜巖인데 恭愍王과는 달리 禑王은 白岳이 아닌 회암을 천도 지역으로 삼고 있음을 알 수 있다. 공민왕 때

栗 以自資 請卽停罷 至秋始役 禑不聽 以災變 慮囚 (中略) 二月 以年荒 停燃燈 罷移都左蘇.

29) 『高麗史』 卷 114, 列傳 27 金先致傳.

30) 『高麗史』 卷 134, 列傳 47 辛禑 5年 10月 戊子.
三司左使權仲和 門下評理曺敏修 相宅于檜巖 以書雲觀言 道詵所謂左蘇卽此地故也.

31) 『高麗史』 卷 134, 列傳 47 辛禑 7年 8月.
禑畋于新京 書雲觀 請移都 於是 議徒漢陽.

32) 『高麗史』 卷 134, 列傳 47, 辛禑 8年 2月.
判書雲觀事張補之等上書 以變怪屢見 請遷都避灾 禑 下其書都堂 李仁任執不可 遂寢.

33) 『高麗史』 卷 134, 列傳 47, 辛禑 8年 8月 戊子.
太白晝見 彗星 見太微東藩 長丈餘 議定遷都漢陽 諫官 上疏止之 不聽.

천도했던 백악이나 우왕 때 천도했던 회암은 모두 남경의 영역에 속하는 지역이었으므로 한양으로 혼용되어 지칭되고 있음을 볼 수 있다. 이를 더욱 뒷받침하는 내용은 禑王 8년(1382) 9월에 白州의 수령 洪順이 글을 올려 건의하기를

　　南京의 眞山 三角山은 火山으로서 木姓을 가진 나라의 서울터이니 그곳으로 도읍을 정하는 것이 적당치 않습니다.34)

라고 하였다. 여기서 지칭하는 南京은 삼각산의 지명으로 인하여 현재의 서울임이 분명하다. 그러나 禑王은 듣지 않고 궁녀들에게 布 5천여 필을 이사 준비용으로 주고 시중 李子松에게 명하여 개경에 유수케 하였고 癸酉日에 한양에 이르렀다.35)

천도한 지 5개월 후인 우왕 9년(1383) 2월에 한양을 출발하여 松京(開京)으로 돌아 왔는데 재신 朴原鏡의 집을 임시 거처할 궁으로 정하였다.36) 만약 순행을 갔다가 온 것이라면 재신의 집을 임시 거처로 사용할 리가 없을 것이며 이는 한양으로 천도하였다가 다시 환도하였음을 확실히 보여주는 것이다. 많은 반대를 무릅쓰고 단행한 천도임에도 불구하고 공민왕과 마찬가지로 5개월만에 다시 돌아오고 있다. 그리하여 이것은 천도가 아닌 순행이라고 보는 견해도 있었으나 분명히 禑王은 천도 준비를 하여 천도를 한 것이었다. 그렇

---

34) 『高麗史』 卷 134, 列傳 47, 辛禑 8年 9月.
　　白州守令洪順 上書曰 南京鎭山三角山 火山也 木性之國 不宜爲都.
35) 『高麗史』 卷 134, 列傳 47, 辛禑 8年 9月.
　　禑不聽 賜宮女理裝布五千餘匹 命守侍中李子松 留守 癸酉 禑至漢陽.
36) 『高麗史』 卷 135, 列傳 48 辛禑 9年 2月 戊寅·己丑.
　　禑發漢陽 時軍民甚苦暴露 及行 火其盧幕 以異不復來也 賜楊廣道按廉柳克恕·交州道廉按崔資 廐馬各一匹 克恕資 皆姦慧謟諛 善伺候人意 當禑之南遷 剝民膏血 窮極珍羞 賂遺權貴 以取媚悅 故賜之 已丑 禑 還松京以宰臣朴原鏡第 爲時坐宮.

지 않다면 諫官이 왕의 순행을 그토록 여러 가지 이유를 들어 반대하였을 리가 없었을 것으로 추측된다.

2) 遷都 地域

우왕이 천도한 지역은 앞에서도 언급하였지만

> 이때 재상이 南京의 궁실을 허물어 白岳으로 옮기려 하였으므로 金先致가 출발에 앞서 왕에게 말하기를 '전에 궁실을 지을 때 南京의 사람들과 마소가 다 피폐했습니다. 지금 다시 그것을 허물면 아마 백성들이 실망할 것입니다' 라고 하였다. 왕이 놀라 말하기를 '나는 사실을 알지 못한다. 그것은 재상이 독단으로 한 일이다' 라며 허물지 말게 하였다.[37]

라고 하여 이에 의하면 南京과 白岳의 위치가 다름을 알 수 있다. 만약 『道詵記』에서 지칭하는 지역이 '白岳 아래의 경복궁 부근'을 의미한다면 南京의 궁궐을 허물어 白岳으로 옮기고자 하였다고는 하지 않았을 것이다.

『漢京識略』 白嶽條[38]에 의하면 백악은 도성 북쪽에 있고 경복궁이 그 아래에 있다고 하였다. 여기서 『漢京識略』의 백악과 위의 백악과는 다르다. 그 이유는 『高麗史』「地理志」에 나오는 백악은 임진현 북쪽 5리에 있다고 하였는데 『漢京識略』에 나오는 백악은 그 아래에 경복궁이 있다고 하였기 때문이다.

즉, 禑王이 단행한 것도 巡幸이 아닌 분명한 遷都였으며 천도 이유로는 여러 가지 이유가 있겠으나 가장 주된 이유로는 왜적의 침입에

---

37) 『高麗史』卷 114, 列傳 27 金先致傳.
38) 서울特別市史編纂委員會, 『漢京識略』, 1956, 255쪽.

대비하기 위해서인 것으로 생각된다. 그리고 천도지는 檜巖이었다.[39]

3. 恭讓王代의 遷都

공양왕은 同王 2년(1390) 7월에 評理 裴克廉을 楊廣道 察理使로 임명하여 한양궁궐의 수축을 감독하게 하였다.[40] 左獻納 李室이 왕에게 올린 다음과 같은 글이 보인다.

> '전하가 비결의 말을 믿고 서울을 한양으로 옮기려 하니 그것이 벌써 옳지 않습니다. 하물며 지금 추곡이 성숙하였으나 아직 거둬 들이지 못하였으니 사람과 말이 짓밟으면 백성의 원망을 사게 될 것입니다' 라고 하였다. 이에 왕이 힐책하여 비결에 만일 '옮기지 않으면 임금과 신하가 없어질 것이라고 하였는데 어찌 혼자 옳지 못하다고 주장하는가' 라고 하였다.[41]

그러나 결국에는 한양에 천도를 행하였다. 왕은 判三司事 安宗源과 門下評理 尹虎를 송경에 유수케 하고 또 백관에게 명하여 分司를 두게 하였다.[42] 왕이 한양에 도착하였는데, 楊廣道 都觀察使 柳珣이 彩棚을 매고 온갖 놀이를 베풀어 놓고 왕을 맞이하였다. 왕이 먼저

---

39) 이에 대해 다른 의견이 있다.

　　羅恪純, 앞의 책, 124쪽.

40) 『高麗史』 卷 45, 世家 45 恭讓王 2年 7月 乙巳.

　　以評理裴克廉 爲楊廣道察理使 監修漢陽宮闕.

41) 『高麗史』 卷 45, 世家 45 恭讓王 2年 7月 癸丑.

　　左獻納李室 上疏曰 殿下 信讖緯之說 欲遷漢陽 旣爲不可 況今秋成未穫　而 人馬蹂踐 必召民怨 王詰之曰 秘錄云 苟不遷廢君臣 爾何獨執不可耶.

42) 『高麗史』 卷 45, 世家 45, 恭讓王 2年 9月 丙午.

　　遷都于漢陽 命判三司事安宗源 門下評理尹虎 留守松京 且令百官 分司.

사람을 보내어 그것을 파하게 한 다음에 들어갔다.[43]

　12월에 형조판서 安瑗 등이 왕에게 글을 올려

　　여론을 들어보니 왕이 서울을 옮길 때에 손실이 많았다고 합니다. 따라 온 자는 살림을 버리고 이사에 고난을 겪었으며 남아 있는 자는 의탁할 곳을 잃고 한데서 지내게 되어 간 자나 남아 있는 자나 모두 다 물정이 소연합니다. 천도하기 전에 술사들이 논하기를 '위에서는 천재가 누누히 나타나고 아래에서는 지변이 매양 일어나고 있는데 이것은 모두 지덕이 쇠한 탓이니 南京으로 가면 화가 풀어질 것이다' 라고 하였습니다. 그런데 천도한 지 얼마 되지 않지마는 짐승이 사람과 물건을 많이 해치고 사람은 간혹 불칙한 음모를 꾸미는 자가 있으며 변괴가 역시 멈추지 않는다고 합니다. 술사들이 밝힌 바 지덕이란 설을 그래도 믿을 수 있겠습니까. 만약 비결에 운명이 있어 그것을 피하거나 물리쳐야 한다면 술수에 맡기어 아득한 복을 바라는 것보다 훌륭한 정치를 시행하여 하늘의 경고를 조심하는 것이 더 옳지 않겠습니까. (중략) 서울로 돌아간다면 시종하는 자들은 의지할 곳을 얻는 기쁨을 가지게 되고 백성은 안정할 곳을 잃은 탄식이 없게 될 것입니다. 전하는 이에 대해 결정짓기를 바랍니다.

라고 하였다. 이에 이를 왕이 都堂의 심의에 붙였다.[44] 이 기사 내용으로 보아 천도한 후에 다시 환도 건의가 나오고 있음을 알 수 있다.

---

43)『高麗史』卷 45, 世家 45 恭讓王 2年 9月 庚戌.
44)『高麗史』卷 45, 世家 45 恭讓王 2年 12月 乙亥.
　　刑曹判書安瑗等 上書曰 爲國之本 在乎得人心 得人之要 在乎察事情 此王政之所當先也 夫人 發於情 形於言 聽其言而究其情 則時之理亂 政之得失 從可知也 臣等竊聞 興議遷幸之際 所損多矣 從者棄業 困於遷徒 居者失所 依於草莽 彼此騷然 頃者 遷幸之初 術士論曰 天灾屢見於上 地怪每興於下 此皆地德之衰 巡幸南京 則禍可弛也 今駐驆未久 獸多損傷人物 人或潛謀不軌 變怪亦云不息 術士之論 地德之說寧可信乎 若曰 讖有其數 須當避禳 則與其任術數 而邀返福 孰若修德政 而祗天戒乎 願殿下 上察天時 下稽人事 旋還京國 則侍從有得所之樂 民庶無失所之嘆 惟殿下 裁之 王 令都堂擬議.

또 백성들이 따라 오는데 어려움이 많았음을 토로하고 있는데 만약 순행이었다면 백성들이 순행에 따라오지는 않았을 것이다.

공양왕은 이듬해 2월에 천도한지 7개월만에 환도하고 있다. 그리고 세자를 시켜 陽陵에 참배하고 이어 孝愼殿에 제사하여 還都를 고하였다.45) 분명히 순행이 아닌 천도였음에도 불구하고 고려왕조는 한양에서 정착하지 못하고 다시 환도를 거듭하고 있다. 그 이유는 무엇일까?

앞에서 보았듯이 천도는 왕실의 안녕과 백성의 평안을 기원하며 실행한 것이었음에도 불구하고 끊임없이 우환과 천재지변이 계속되고 왜구의 침입이 잇따랐다. 한 번 천도하기 위하여 몇 년을 두고 점을 보고 여러 의견을 수렴하여 결정한 사항인데 몇 개월을 견디지 못하고 돌아가는 것은 한양으로의 천도 후에도 고려왕조가 기대했던 것에 부응하지 못한 것으로 보아야 할 것이다.

환도 기사에는

> 왕이 南京으로부터 돌아 왔다. 서울사람들이 彩棚을 매고 맞이하였다.46)

라고만 하여 공양왕이 왜 다시 환도했는지에 대해서는 언급이 없다. 단지 앞의 安瑗 등이 상소를 올려 還都 建議를 하고 있는데 왕은 都堂의 심의에 붙이고 있다. 당시 恭讓王은 이성계에 의하여 추대된 왕으로서 결정권이 없는 상태에서 都堂의 결정에 따라 還都한 것으로 추측된다.

---

45)『高麗史』卷 45, 世家 45, 恭讓王 3年 2月 辛巳.
　　命世子 謁陽陵 仍祭孝愼殿 告還都.
46)『高麗史』卷 46, 世家 46 恭讓王 3年 2月 丁卯.
　　至自南京 都人 結綠棚以迎之.

朝鮮初期 太祖代의 漢陽으로의 遷都에 대하여는 이미 많은 연구가 있으므로 여기서는 구체적인 언급을 피하겠다. 태조가 한양, 즉 南京 지역으로 천도한 이유는 前朝의 수도를 떠나 민심을 수습하려는 의지에 풍수지리와 漕運을 이용하려는 의도가 복합된 것으로 생각한다.

고려 후기에 시행되었던 천도 상황을 정리하면 <표 16>과 같다.

〈표 16〉高麗後期 遷都 地域

王 名	遷都 時期	遷都 地域	現在 位置
恭愍王	9年(1360) 11月 辛酉	南京(白岳)	京畿道 長湍
禑 王	8年(1382) 8月	南京(檜巖)	京畿道 楊州
恭讓王	2年(1390) 9月 丙午	南京(漢陽)	서 울

이상에서 살펴본 바에 의하면 고려시대에 행해진 세 차례의 남경 천도는 분명히 순행이 아닌 천도였음을 확인할 수 있었다. 비록 몇 개월 후에 다시 개경으로 환도하기는 하였으나 고려 후기에 와서 더욱 한양으로의 천도의지를 보여주며, 결국 조선 초에 이루어진 한양으로의 천도는 고려시대부터 내재되어 온 천도의지의 실현이었던 것이라 생각한다.

제Ⅶ장
結　論

　　본고에서 살펴 본 高麗時代 南京에 대하여 요약하여 정리하면 다음과 같다.

　　첫째, 南京의 설치에 대한 것으로서 文宗 21년에 南京을 설치한 배경에 대하여 중점적으로 검토하였다. 文宗이 南京을 설치한 배경은 기존 우리 민족 특유의 山川崇拜思想에 風水圖讖思想을 받아 들여 국가의 安寧을 祈願하는 祈福信仰과 巡幸地의 필요에서였다.

　　문종은 특히 종교·사상적으로 불교와 풍수도참사상에 깊이 심취해 있었는데, 즉 이러한 상황을 종합해서 볼 때 문종대의 남경설치는 風水圖讖思想의 영향을 많이 받은 왕의 종교·사상적인 성향, 또 남경의 우수한 지리적 조건, 그리고 제도정비의 일환 등 복합적인 요인으로 이루어졌다고 생각된다.

　　아울러 옛 삼국 시대의 수도였던 서경·동경과 함께 백제 유민들을 배려하여 남경지역을 대도시로 재건하려는 이유도 있었던 것으로 생각된다.

　　둘째, 南京의 行政組織과 官員에 대해 검토하였다. 南京에 소속된 관직에는 留守·副留守·判官·司錄參軍事·掌書記·法曹·醫師·

文師 등이 있으며, 총 8명을 두었다. 이 가운데 判官을 睿宗 11년에 少尹으로 변경하였다. 忠烈王 34年에 남경을 漢陽府로 고치고 尹·判官·司錄을 두었다.

이들 중 南京留守와 南京副留守의 직위와 대우 그리고 服飾 등을 통하여 그들의 위치 또는 성격을 보면 다음과 같다.

南京留守는 고려시대 南京의 최고 관직으로서 3품 이상인 자가 임명되었다. 문종대에 南京이 설치되었음에도 불구하고 실제로 문종대가 끝날 때까지 南京留守로 임명받은 사람은 기록에 보이지 않고 있다.

南京留守는 원래 文班職位였으나 後期에는 武臣도 임명될 수 있었고 兼職도 가능했던 것으로 나타난다.

한편 南京 지역 또는 南京留守職은 관료들이 左遷되어 나아갔던 貶黜地職이기도 하였다. 왜적이 침입하였을 때 방어하지 못하여도 漢陽尹은 문책을 받았으며, 적을 막지 못한 이유로 인하여 南京留守로 좌천되기도 하였다.

南京副留守는 南京留守가 3품 이상인자로 임명되었던 것에 비하여 4품 이상의 관원 1명이 임명되었다. 자료를 통하여 나타나는 南京副留守의 실제 역임 자는 10명 정도이다. 南京副留守는 도병마사와 도원수로 한양부윤을 겸하는 경우도 있었다. 南京判官은 과거에 급제하지 않아도 임명받을 수 있는 자리였고, 掌書記는 門蔭에 의해서도 임명받을 수 있는 자리였다.

南京留守의 경제적 대우와 관련하여 外官祿에 의하면 문종대 祿科는 16科等으로 나뉘어져 있는데 당시 南京留守는 제3과로서 200석을 받았다. 그러한 대우는 西京留守보다는 낮았고, 東京留守와는 동등한 것에 해당하였다.

즉, 문종대에 南京留守는 西京留守보다 70석이나 적게 받았고 南

京副留守도 西京副留守보다 80석을 적게 받고 있는데, 이를 통해서 南京의 관직이 西京의 관직보다 서열이 낮았음과 서경의 비중이 더 높았음을 알 수 있다.

문종대의 그와 같은 祿科制度는 인종대에 更定되어 다시 조정되었다. 西京留守는 제1과로 정해져 200석을, 東京留守와 南京留守는 제2과로 166石 10斗를 받게 되었다. 이전보다 녹봉의 액수가 크게 감소되었던 것인데 南京留守의 경우 문종대 보다 34석이 감소하였다.

南京留守의 服飾은 光宗代에 정해진 百官의 公服 규정을 통하여 추정하여 보았다. 紫丹緋綠의 규정에 따라 3품관 이상은 紫衣를 입었으므로 南京留守는 紫衣를 입었을 것으로 추정된다. 西京留守는 尙書에 준하고 副留守는 3품관에 준하며 그 이하는 각기 본 직품에 의거한다.

東京과 南京의 副留守, 大都護府와 牧의 副使 이상은 자색 옷에 金魚를 찼다. 대체로 笏은 자색이나 진홍색 옷을 입은 자는 象牙로 만든 홀을, 녹색 옷을 입은 자는 나무로 만든 홀을 드는데 그 제작방법은 위는 모서리를 죽이고 아래는 모나게 하였다. 金魚는 옷 위에 차는 물고기 모양으로 된 장식품이다. 직위에 따라 재료를 달리한 金·銀·象牙로 만든 홀을 들었을 것으로 짐작된다.

셋째, 南京의 領域과 궁궐의 위치를 검토하였다.

남경의 초기명칭인 楊州에는 郡이 3개, 縣이 6개가 있었다. 그리고 관할 하에 都護府가 1개, 知事郡이 2개 그리고 縣令官이 1개 있었다. 屬郡으로 交河·見州·抱州가 있었고 屬縣으로 幸州·峯城·高峯·深岳·豊壤·沙川이 있었다.

고려 숙종대에 정해진 南京의 범위는 남쪽의 경계가 한강변의 沙里, 東은 大峯, 西는 岐峯, 北은 面嶽까지이다. 대봉은 오늘날의 駱山이 아니고 龍馬山까지 확대되는 것으로 보인다. 검토 결과 소속 군현을 포함한 행정 영역은 오늘날의 경기도의 반 이상을 차지하는 지역이었다.

숙종대 남경궁궐의 위치에 관하여 金謂磾는 '삼각산 남쪽 목멱산 북쪽 평지' 라고 위치를 규정하였고 조선시대 경복궁 뒤쪽에 위치하고 있었다고 하였으므로 경복궁 뒤쪽 일대에 궁궐이 있었을 것으로 생각된다. 그러나 문종대 남경궁궐의 위치는 불명확하므로 앞으로도 계속적인 연구가 요구된다.

넷째, 남경으로의 巡幸에 관한 것이다.

원래 '巡幸'을 행하는 데에는 禍를 피해 吉을 찾는다는 것과 民生을 돌아본다는 것 등의 의미 또는 목적이 있었다. 그러한 순행은 시기나 국가에 따라서 성향이나 정도에 차이가 있었다. 삼국시대의 순행은 후자에 해당하여 정치적인 성격이 강하였고, 고려시대의 순행은 특히 南京으로의 巡幸 경우를 볼 때 禍를 피해 吉을 찾는 전자쪽의 의미가 더 강하였다.

삼국시대에 있어서 신라의 경우를 보면 왕의 巡幸은 관료에 대한 任命과 大赦를 실시한 이후에 가장 많이 행하여졌다. 그 이유는 왕이 자신이 실시한 정치적 행위에 대하여 대내외적으로 확신시키고 기념하고자 한 뜻에 있었던 것으로 파악할 수 있다. 그 밖에 下敎·立太子·戰勝·外國使節來至 등에 따른 순행이 있는데 이 경우는 물론 自祝과 遊覽의 의미가 포함되었다.

고려시대의 순행은 신라 시대와 비교하여 시행 시기나 성격에 있어서 차이를 나타내고 있다. 즉, 高麗의 王은 巡幸을 행하기 전이 아니라 먼저 순행을 마친 후에 巡幸地의 백성들의 노고에 대한 보답으로 赦免과 租稅의 감면 등의 惠政을 시행하였다.

고려시대 초기 서경순행은 국방을 견고하게 하고 북방유민을 포용하는 군사적인 면이 더 강하였다. 그러나 남경순행은 그와 같은 서경순행과는 다른 성격을 지닌 것이었다.

南京으로 순행할 때에는 平章事·參知政事·權知樞密院副使·御史臺事 등의 고위관직자들이 수행하였다. 巡幸 때에 소요되는 수행인원의 숙식 등과 같은 준비는 순행지에서 감당해야 했다. 때문에 순행지의 관료들은 현지 백성들을 착취하면서까지 그에 대처하였다.

결국 순행으로 인하여 현지 백성들의 고통은 매우 컸으며, 그와 반대로 관료들은 순행을 잘 치룬 것으로 인하여 왕에게 치하를 받거나 나아가 승진까지 하였다. 순행이 지닌 모순된 기능의 일면이었다고 할 수 있다.

남경으로 순행하는 路線은 조선시대의 경우에서 유추해 보았다. 조선시대에 개성에서 한양으로 오는 길은 여러 노선이 있었으나 그 중 한 노선은 의주–안주–평양–봉산–개성–파주–무악재로 연결되는 것이었다. 그러므로 대체로 開京에서 南京으로 올 때에도 개경에서 파주를 지나 무악재를 넘어 왔을 것으로 추측된다.

南京巡幸 기간은 대략 40일 정도가 걸렸을 것으로 짐작된다. 물론 왕의 성향과 진행속도, 머무는 기간 등에 따라 각기 매번 다르겠으나 문헌상에서 제시된 자료를 계산해 본 결과에 따르면 그것은 開京에서 南京까지 가는데 약 14일 정도 소요되었으며, 남경에서 12일 정도를 머물렀고, 다시 개경으로 돌아가는 데 14일 가량이 걸렸다고 하는 데서 추산할 수 있다.

巡幸할 때의 衛仗은 毅宗代의 경우를 통해서 그 일면을 살펴보았다. 의종대에 규정된 巡幸衛仗의 내용에 의하면 衛仗은 화려하였을 뿐만 아니라 규모에 있어서도 약 3,700여명이 넘는 인원이 巡幸 대열에 참가하였다. 순행하고 돌아오는 행렬을 맞이하는 인원도 약 2,000여명이 넘었으며, 대궐에서 맞이하는 인원도 대략 700명이 넘었다.

　그와 같은 규모나 외형은 삼국시대에 비하여 매우 커지고 장엄한 것이었는데, 이는 의종대 왕권의 상징으로서 대외에 그를 과시하려고 한 의도에서 비롯된 것이었다고 할 수 있다.

　호위대로는 先排隊·淸遊隊·白甲隊·骨朶子隊·銀粧長刀隊·中禁班·都知班·牽龍班·玄武隊·衛身馬隊·後殿隊·巡檢左右府 등의 군사가 각각 정해진 복장을 하고 호위하였다. 服色은 색깔이 다양하고 비단·명주 등의 고급천을 사용하고 반드시 모자를 착용하였다. 그리고 儀仗 用品들로 傘·扇·刀·旗·弓·斫·杖·槍 등을 휴대하였는데 이상과 같은 것은 고려시대의 높은 복식문화 수준까지도 짐작케 한다.

　남경순행 당시의 衛仗이 의종대에 정해진 위장의 경우와 모두 같았는지는 확실히 알 수 없으나 어느 정도 그 양상을 짐작할 수 있다.

　다섯째, 南京으로의 遷都에 관하여 살펴보았다.

　南京으로의 遷都는 恭愍王·禑王·恭讓王 등 3代에 걸쳐서 시행되었다. 그러나 남경으로 천도한 후에 계속하여 南京을 首都로 유지하지 못하였으며, 결국 다시 開京으로 還都하였다.

　혹자는 이와 같은 개경으로의 환도 사실을 근거로 남경으로의 천도에 대하여 '천도'가 아니라고 보는 경우도 있다. 그러나 필자는 비록 남경에 머문 것이 한시적이었다고 할지라도 그 성격이 '南京으로의 분명한 천도'였다고 생각한다.

　恭愍王代의 경우 남경으로 천도하여 옮긴 곳은 白岳이었다. 공민왕은 道詵이 국가의 운명을 연장시키기 위하여 천도해야 한다고 주장한 말을 듣고, 또한 천도대상 지역도 白岳으로 이해하여 도읍터로 삼아 천도하였던 것이다. 이 때의 新京은 현재의 장단 지역이다.

　禑王代의 경우 남경으로 천도한 이유에 대하여는 알 수 없으나 風水圖讖思想에 의거하였다기 보다는 왜적을 피하기 위하여 개경의

궁을 떠나고자 한 것이 아니었나 한다. 우왕대에 행한 천도지는 檜
嚴이었다.

恭讓王代에는 한양으로 천도한 후에 安瑗 등이 상소를 올려 開京
으로의 還都를 건의하였다. 그리하여 결국 왕이 그것을 都堂의 심의
에 붙인 결과에 따라 다시 환도하였다.

이상과 같이 고려시대에 몇 차례에 걸쳐 南京으로 일단 천도하였
음에도 불구하고 남경에서 정착하지 못하고 개경으로 환도를 거듭
하고 있는 이유는 무엇일까? 그것은 왕실의 안녕과 백성의 평안을
기원하며 남경으로 천도를 실행하였음에도 불구하고 끊임없이 우환
이 계속되고 천재지변이 일어났기 때문이다. 그리고 천도에의 확고
한 신념 부족도 들 수 있겠다.

즉, 수년간 점을 보거나 여러 의견을 수렴하여 결정한 천도였음에
도 불구하고 몇 개월을 견디지 못하고 개경으로 환도한 것은, 남경
으로의 천도 후에도 고려왕조의 융성이나 부강 등이 천도와 더불어
기대했던 것에 부응하지 못했기 때문인 것으로 보인다. 이러한 현상
은 조선초기의 개경환도에서도 일어나기 때문에 일맥상통하는 것으
로 해석할 수 있을 것이다.

參 考 文 獻

1. 史 料

『京兆府誌』, 『高麗圖經』, 『高麗名賢集』, 『高麗史』, 『高麗史節要』,
『南漢誌』, 『大東地誌』, 『東國通鑑』, 『東文選』, 『東史綱目』, 『萬機要覽』,
『文獻備考』, 『北漢誌』, 『三國史記』, 『三國遺事』, 『新增東國輿地勝覽』,
『燃藜室記述』, 『邑誌』(京畿道), 『朝鮮王朝實錄』(太祖~成宗),
『中國正史朝鮮傳』「新唐書」卷 220 列傳 東夷 高麗傳, 『擇里志』

金龍善, 『高麗墓地名集成』, 翰林大學校, 아시아文化研究所, 1993.
서울特別市史編纂委員會 編, 『漢京識略』, 1956.
＿＿＿＿＿＿＿＿＿＿＿＿＿＿＿ 編, 『東國輿地備攷』, 1956.
李蘭暎 編, 『韓國金石文追補』, 亞細亞文化社, 1968.
朝鮮總督府, 『朝鮮金石總覽』 上, 亞細亞文化社, 1976.

2. 著 書

姜晉哲, 『高麗土地制度史研究』, 高麗大學校出版部, 1980.
京畿道, 『地名由來集』, 1987.
京畿道史編纂委員會, 『京畿道誌』 上, 1955.
＿＿＿＿＿＿＿＿＿＿＿, 『京畿道 歷史와 文化』, 1997.
＿＿＿＿＿＿＿＿＿＿＿, 『京畿道史資料集』, 1998.
國史編纂委員會 編, 『한국사』 5~8권, 1975.

＿＿＿＿＿＿＿＿＿ 編,『한국사』12～20권, 1993.

金塘澤,『高麗武人政權研究』, 새문사, 1987.

金庠基,『高麗時代史』, 東國文化社, 1961.

金成俊,『韓國中世政治法制史研究』, 一潮閣, 1985.

內務部,『地方行政區域要覽』, 1996.

盧鏞弼,『新羅眞興王巡狩碑研究』, 西江大學校 博士學位論文, 1993.

文一平,『 湖岩全集』卷 3, 1939.

朴慶龍,『開化期 漢城府 研究』, 一志社, 1995.

朴龍雲,『高麗時代 臺諫制度의 研究』, 一志社, 1980.

＿＿＿＿,『高麗時代史』上・下, 一志社, 1987.

＿＿＿＿,『高麗時代 蔭敍制와 科擧制研究』, 一志社, 1990.

＿＿＿＿,『高麗時代 開京研究』, 一志社, 1996.

＿＿＿＿,『高麗時代 官階・官職研究』, 高麗大學校出版部, 1997.

＿＿＿＿,『고려시대 中書門下省宰臣연구』, 一志社, 2000.

＿＿＿＿, 이정신 외 공저,『고려시대 사람들 이야기』, 신서원 2001.

朴宗基,『高麗時代部曲制研究』, 서울大學校出版部, 1991.

＿＿＿＿,『고려의 지방사회』, 푸른역사, 2002.

白英子,『조선시대의 어가행렬』, 한국방송대학교출판부, 1997.

邊太燮,『高麗政治制度史研究』, 一潮閣, 1971.

서울特別市史編纂委員會,『洞名沿革攷』(城東區), 1981.

＿＿＿＿＿＿＿＿＿＿＿＿＿,『서울六百年史』1권, 1977.

＿＿＿＿＿＿＿＿＿＿＿＿＿,『서울六百年史』2권, 1978.

＿＿＿＿＿＿＿＿＿＿＿＿＿,『漢江史』, 1985.

世宗研究院,『河南市 校山洞一帶 文化遺蹟』, 1996.

＿＿＿＿＿＿＿,『中部高速道路(河南－戶法區間) 擴張工事 豫定地域 文化
　　　　　遺蹟 地表調査 報告書』, 1997.

孫禎睦,『朝鮮時代 都市社會 研究』, 一志社, 1977.

서울市政開發研究院,『서울研究에 관한 文獻集』, 1993.

申瀅植,『三國史記研究』, 一志社, 1981.

______, 『統一新羅史硏究』, 三知院, 1990.

______, 『韓國古代史의 新硏究』, 一潮閣, 1997.

元永煥, 『朝鮮時代 漢城府 硏究』, 江原大學校出版部, 1990.

李基白, 『高麗兵制史硏究』, 一潮閣, 博英社, 1997.

______ 編, 『韓國史市民講座』 14, 一潮閣, 1995.

______ 編, 『高麗光宗硏究』, 一潮閣, 1981.

李丙燾, 『高麗時代의 硏究』, 亞細亞文化社, 1980.

______, 『韓國古代史硏究』, 博英社, 1976.

李相瑄, 『高麗時代 寺院의 社會經濟硏究』, 誠信女子大學校出版部, 1998.

李樹健, 『韓國中世社會史硏究』, 一潮閣, 1984.

崔完基, 『朝鮮時代 서울의 經濟生活』, 서울학연구소, 1994.

崔貞煥, 『高麗·朝鮮時代祿俸制 硏究』, 慶北大學校出版部, 1991.

河炫綱, 『高麗地方制度의 硏究』, 韓國硏究院, 1977.

______, 『韓國中世史硏究 』, 一潮閣, 1996.

한글학회, 『韓國地名總覽』(서울편), 1965.

許興植, 『高麗科擧制度史硏究』, 一潮閣, 1981.

______, 『高麗社會史硏究』, 亞細亞文化社, 1981.

______, 『高麗佛敎史硏究』, 一潮閣, 1986.

今西龍, 『高麗史硏究』, 國書刊行會, 1970.

旗田魏, 『朝鮮中世社會史の硏究』, 法政大學校出版局, 1972.

3. 論 文

姜玉葉, 『高麗前期 西京勢力의 硏究』, 이화여자대학교 박사학위논문, 1997.

權純馨, 「高麗中期 南京에 대한 一考察」『鄕土서울』 49, 서울특별시사편찬위원회, 1990.

金甲童, 「高麗時代의 南京」『서울학연구』 18호, 서울학연구소, 2002.

金起燮, 「百濟前期의 漢城에 관한 再檢討」『鄕土서울』55, 서울특별시
　　　　사편찬위원회, 1995.

金杜珍, 「羅末麗初 桐裏山門의 成立과 그 思想」『東方學志』57, 연세대
　　　　국학연구원, 1988.

金瑛河, 「新羅時代 巡狩의 性格」『民族文化研究』14, 1979.

　　　　, 「三國時代 王의 統治形態研究」, 고려대학교 박사학위논문, 1988.

金龍國, 「서울遷都의 動機와 顚末」『鄕土서울』1, 서울특별시사편찬위
　　　　원회, 1957.

金毅圭, 「高麗朝 蔭職小考」『柳洪烈華甲紀念論叢』, 서울대출판부, 1971.

羅恪淳, 「高麗時代 楊州地方의 變遷과 그 官人의 任用形態」『鄕土서
　　　　울』53, 서울특별시사편찬위원회, 1993.

　　　　, 「高麗末 南京復治와 漢陽遷都」『강원사학』17·18합집, 2002.

盧鏞弼, 「新羅眞興王巡狩碑研究」, 서강대학교 박사학위논문, 1993.

閔丙河, 「高麗時代의 漢陽」『鄕土서울』32, 서울특별시사편찬위원회,
　　　　1968.

朴龍雲, 「高麗時代 海州崔氏와 坡平尹氏 家門分析」『白山學報』23, 1977.

　　　　, 「高麗時代의 定安任氏 鐵原崔氏 孔巖許氏 家門分析」『韓國史
　　　　論叢』3, 1978.

　　　　, 「高麗時代 蔭職制의 實體와 그 機能」상·하『한국사연구』3
　　　　6·37, 한국사연구회, 1982.

朴宗基, 「高麗時代 鄕·部曲의 變質過程 - 중앙집권화 과정과 관련하
　　　　여」『韓國史論』6, 1980.

　　　　, 「高麗의 郡縣體系와 界首官制 - 高麗史 地理志 分析」『韓國學
　　　　論叢』8, 1986.

　　　　, 「高麗의 部曲吏」『高麗史의 諸問題』, 三英社, 1986.

　　　　, 「高麗時代 村落의 機能과 構造」『진단학보』64, 1987.

　　　　, 「高麗時代 南京地域의 開發과 京畿制」『서울역사박물관연구논
　　　　문집』신서원, 2003.

朴漢卨, 「高麗時代의 서울地方」『서울六百年史』1, 1977.

朴海玉,「百濟都城 漢城의 位置」『응용지리』17, 성신여자대학교 응용
　　　　　지리연구소, 1994.

邊太燮,「高麗時代 京畿의 統治制」『高麗政治制度史研究』, 一潮閣, 1971.

申榮勳,「太祖朝 漢陽城 建設 監役官考」『鄕土서울』43, 서울특별시사
　　　　　편찬위원회, 1985.

＿＿＿,「太宗朝 監役官 朴子靑攷」『鄕土서울』48, 서울특별시사편찬위
　　　　　원회, 1989.

申瀅植,「三國史記의 編纂과 硏究成果」『三國史記硏究』, 一潮閣, 1981.

＿＿＿,「高麗前期의 歷史認識」『韓國史學史의 硏究』, 乙酉文化社,
　　　　　1985.

＿＿＿,「統一新羅時代 高句麗 流民의 動向」『統一新羅史硏究』, 三知
　　　　　院, 1990.

申虎澈,「高麗 光宗代의 公服制定」『高麗光宗硏究』, 一潮閣, 1981.

元永煥,「한성부와 한강」『鄕土서울』44, 서울특별시사편찬위원회, 1987.

＿＿＿,「漢陽遷都와 首都建設考」『鄕土서울』45, 서울특별시사편찬위
　　　　　원회, 1988.

李基東,「現代 韓國社會와 風水地理說」『한국사시민강좌』14, 一潮閣,
　　　　　1994.

李丙燾,「肅宗과 南京經營」『高麗時代의 硏究』, 亞細亞文化社, 1980.

＿＿＿,「睿宗朝의 地理秘錄의 編纂과 龍堰宮 創起 및 其他」『高麗時
　　　　　代의 硏究』, 亞細亞文化社, 1980.

＿＿＿,「仁宗朝의 妙淸의 西京遷都運動과 그 叛亂」『高麗時代의 硏
　　　　　究』, 亞細亞文化社, 1980.

李相瑄,「高麗寺院經濟에 대한 考察」『崇實史學』1, 1983.

＿＿＿,「恭愍王과 普愚－恭愍王初 王權安定의 一助를 中心으로－」
　　　　　『李載龒博士還曆紀念韓國史學論叢』, 도서출판 한울, 1990.

＿＿＿,「高麗時代 寺院의 社會經濟的 位相에 관한 硏究」『高麗大學校
　　　　　博士學位論文』, 1992.

＿＿＿,『高麗時代 寺院의 社會經濟硏究』, 성신여자대학교출판부, 1998.

李龍範,「風水地理說」『한국사』6, 국사편찬위원회, 1975.

李元明,「漢陽遷都의 背景에 관한 研究」『鄕土서울』42, 서울특별시사
　　　편찬위원회, 1984.

李泰鎭,「漢陽遷都와 風水地理說의 패퇴」『한국사시민강좌』14, 一潮
　　　閣, 1994.

李熙德,「高麗祿俸制의 研究」『李弘稙 回甲紀念 韓國史學論叢』, 新丘
　　　文化社, 1969.

任德淳,「漢陽이 朝鮮首都로 선정된 이유 - 政治地理學的 접근」『충북
　　　대논문집』27, 1984.

張道彬,「遷都以前의 서울地方」『鄕土서울』1, 2, 서울특별시사편찬위
　　　원회, 1957・1958.

鄭永鎬,「漢江流域의 古代文化」『鄕土서울』45, 서울특별시사편찬위원
　　　회, 1988.

崔圭成,「高麗初期 郡縣制 改編」『祥明史學』5, 상명여자대학교, 1998.

崔夢龍,「文化遺蹟으로 본 漢江流域」『鄕土서울』44, 서울특별시사편찬
　　　위원회, 1987.

崔柄憲,「道詵의 生涯와 羅末麗初의 風水地理說」『한국사연구』11,
　　　1975.

＿＿＿,「高麗建國과 風水地理說」『韓國史論』18, 1988.

崔完基,「高麗朝의 稅穀運送」『韓國史研究』34, 1981.

崔貞煥,「高麗 祿俸制의 成立過程」『大邱史學』15・16합집, 1978.

＿＿＿,「高麗 祿俸制의 運營實態와 그 性格」『慶北史學』2, 1980.

＿＿＿,「高麗祿俸制의 變遷－田制와의 關係를 中心으로」『大邱史學』
　　　18, 1980.

河炫綱,「高麗西京考」『歷史學報』35・36합집, 역사학회, 1967.

＿＿＿,「高麗初期의 地方統治」『高麗地方制度의 研究』, 韓國研究院,
　　　1977.

韓永愚,『다시 찾는 우리 역사』, 경세원, 2004.

許興植,「高麗의 科擧와 門蔭과의 比較」『韓國史研究』27, 1979.

[부록 1]

南京年表

靖宗 2년(1036) 3월

○ 戊子에 三角山에 행차하다.

문종 5년(1051) 10월

○ 庚寅에 三角山에 행차하다.

문종 21년(1067)

○ 楊州를 고쳐 南京留守官으로 하고 이웃군의 백성을 이주시켜 채우다.

문종 22년(1068) 12월

○ 戊申에 新宮을 南京에 創建하다.

선종 7년(1090) 10월

○ 丙午에 왕이 태후를 모시고 삼각산에 행차하다.
○ 庚戌에 僧伽窟, 藏義寺에 행차하다.
○ 癸丑에 仁壽寺에 행차하다.

선종 7년(1090) 11월

○ 辛酉에 三角山으로부터 돌아오다.

숙종 4년(1099) 9월

○ 宰臣 日官 등으로 하여금 楊州에 남경을 건설할 것을 의논케 하다.

○ 丁卯에 왕이 왕비, 元子, 兩府의 群僚 및 祐世 僧統을 거느리고 三角山에 행차하다.

숙종 4년(1099) 윤 9월

○ 甲戌에 승가굴에 행차하다.

○ 乙亥에 양주에 들러 도시 세울 땅을 살펴보다.

○ 庚辰에 仁壽寺에 행차하다.

○ 壬辰에 新穴寺에 행차하다.

숙종 4년(1099) 10월

○ 癸卯에 삼각산에서 돌아오다.

숙종 6년(1101) 3월

○ 庚寅에 己卯年 삼각산에 행차하였을 때 지나간 곳의 名山 大川의 神號에 각각 仁聖 두자를 加하고 그 산천의 소재 주현으로 하여금 祭告케 하다.

숙종 6년(1101) 9월

○ 이 달에 南京開創都監을 두고 門下侍郎平章事 崔思諏, 御史大夫 任懿, 知奏事 尹瓘, 小府監으로 致仕한 文象, 春官正 陰德全, 秋官正 崔資顥에게 보게 하다.

숙종 6년(1101) 10월

○ 乙未에 崔思諏 등이 남경에서 돌아오다.

○ 丙申에 남경을 창건하다.

숙종 7년(1102) 3월

○ 庚辰에 中書門下省이 동쪽으로 大峯, 남쪽으로 沙里, 서쪽으로 岐峯, 북쪽으로 面嶽에 이르기까지 경계 삼기를 청하다.

숙종 9년(1104) 5월

○ 甲午에 남경의 궁궐이 이룩되다.

숙종 9년(1104) 7월

○ 戊戌에 남경에 행차하다.

숙종 9년(1104) 8월

○ 丙午에 王駕가 常慈院에 머무를 때 侍御史 崔謂를 보내어 御衣와 茶香을 가지고 三角山 僧伽窟에서 비를 빌게 하다.
○ 辛亥에 王駕가 남경에 이르다.
○ 癸亥에 車駕가 남경을 출발하여 내중과 더불어 僧伽窟에 행차하여 齋를 設하고 衣를 시납하다.

예종 2년(1107) 4월

○ 辛酉에 삼각산 國望峯이 무너지다.

예종 3년(1108) 9월

○ 甲戌에 남경에 행차하다.

예종 3년(1108) 10월

○ 壬午에 승가굴에 행차하다.

예종 5년(1110) 윤(閏) 8월

○ 癸卯에 왕이 太后와 남경에 행차하다.

○ 辛酉에 三角山의 藏義寺, 僧伽窟, 文殊窟에 가다.

예종 5년(1110) 10월

○ 乙卯에 車駕가 남경을 출발하다.

예종 12년(1117) 8월

○ 戊午에 남경에 행차하다.

○ 丁卯에 왕이 남경에 이르다.

○ 癸未에 僧伽窟 및 藏義寺에 행차하다.

예종 12년(1117) 9월

○ 癸卯에 왕이 남경을 출발하다.

○ 丁未에 長源亭에 이르다.

예종 15년(1120) 2월

○ 丙申에 남경에 행차하다.

예종 15년(1120) 4월

○ 癸酉에 남경에서 돌아오다.

인종 4년(1126) 10월

○ 癸丑에 남경에 행차하다.

○ 己未에 藏義寺에 행차하다.

인종 4년(1126) 11월

○ 庚午에 남경으로부터 와서 延慶宮에 入御하다.

인종 6년(1128) 2월

○ 癸亥에 남경의 궁궐에 불이 나다.

의종 4년(1150) 9월

○ 丁丑에 남경에 행차하다.

○ 甲午에 남경으로부터 돌아오다.

의종 21년(1167) 8월

○ 己未에 남경에 행차하다.

의종 21년(1167) 9월

○ 乙丑에 남경에 入御하다. 留守官이 禮를 갖추어 御駕를 맞이하고, 陽傘 2柄과 말 2匹·소 1頭를 바치다.

○ 己巳에 三角山의 僧伽寺·文殊寺·藏義寺 등의 절에 행차하다.

○ 庚午에 남경을 출발하다.

명종 4년(1174)

○ 制하여 左蘇 白岳山 右蘇 白馬山 北蘇 箕達山에 延基宮闕造成官을 두다.

강종 2년(1213) 4월

○ 中書省에서 秘書監 李淳中이 南省試를 管掌하였을 때, 試題를 誤解한 것을 彈劾하므로 貶하여 南京副留守를 삼고, 進士의 籍을 삭제하다.

고종 21년(1234) 7월

○ 甲子에 御衣를 남경의 假闕에 奉安하다.

고종 22년(1235) 2월

o 壬午에 太祖의 神御를 받들어 남경의 新闕에 移安하다.

고종 22년(1235) 윤(閏) 7월

o 壬午에 廣州·남경을 江華에 合入하게 하다.

고종 23년(1236) 8월

o 戊申에 蒙古兵이 남경 등지에 나누어 주둔하다.

고종 44년(1257) 6월

o 癸巳에 蒙古兵이 남경에 이르다.

충렬왕 9년(1283) 8월

o 삼각산에 길을 닦다.

충렬왕 9년(1283) 10월

o 甲申에 왕이 공주와 함께 남경에서 사냥하다.

충렬왕 11년(1285) 9월

o 甲申에 왕과 공주가 남경에 행차하다.

충렬왕 27년(1301) 11월

o 庚申에 왕이 남경에서 사냥하다.

충렬왕 27년(1301) 12월

o 壬午에 남경으로부터 돌아오다.
o 癸酉에 見州로부터 남경을 巡行하고 돌아오다.

공민왕 5년(1356) 6월

○ 丁丑에 判書雲觀事 陳永緖에게 명령하여 남경에서 땅의 지세를 보라고 하다.

공민왕 5년(1356) 7월

○ 壬午에 백성들이 率家하여 出城함을 금하다. 남경 땅의 지세를 보도록 하자 인심이 동요하여 男負女戴하여 南行하는 자가 저자에 가는 것 같으므로 이를 금하다.

공민왕 5년(1356) 12월

○ 丙寅에 남경의 궁궐을 보수하다.

공민왕 6년(1357) 1월

○ 壬辰에 왕이 奉恩寺에 행차하여 太祖의 眞殿에 謁見하고 漢陽에 천도할 것을 점쳤는데 왕이 점통을 더듬어 '靜' 字가 손에 잡히다.
○ 癸卯에 다시 李齊賢에게 명령하여 점을 치자 '動' 字를 얻다.
○ 甲辰에 남경의 궁궐을 영조하므로 楊廣道에 금년의 屯田을 면제하다.

공민왕 9년(1360) 7월

○ 乙卯 초하루에 白岳에 행차하여 遷都할 땅을 보다.
○ 辛未에 비로소 백악에 궁궐을 經營하였다. 이에 앞서 남경에 천도하고자 前 漢陽尹 李安을 보내어 그 성곽과 궁궐을 수리케 하다.

공민왕 13년(1364) 11월

○ 판밀직 洪微을 한양부에 보내 중흥산성 형세를 살피게 하다.

공민왕 14년(1365) 2월

○ 한양에 중흥성을 쌓게 하다.

우왕 4년(1378) 12월

○ 丙午에 左蘇造成都監을 두다.

우왕 5년(1379) 1월

○ 乙亥에 간관이 왜구와 수·한재로 左蘇土木役事를 중지하기를
청하다.

우왕 5년(1379) 2월

○ 흉년으로 左蘇에 移都하려는 것을 파하다.

우왕 8년(1382) 9월

○ 癸酉에 왕이 한양에 이르다.

우왕 8년(1382) 8월

○ 우왕이 新京에서 사냥하다.

우왕 8년(1382) 9월

○ 白州守 洪順이 '남경진산인 삼각산으로 火山인 木姓의 나라를 마
땅히 도읍하지 못할 것이외다'라고 하다.

공양왕 3년(1391) 2월

○ 己未에 왕이 남경을 출발하다.
○ 丁酉에 남경으로부터 돌아오다.
○ 乙亥에 國大妃가 남경으로부터 돌아오다.

[부록 2]

附　錄

　*순행위장행렬의 이해를 돕기 위하여 ≪高麗史≫에 설명된 내용을 그림으로 나타내어 보았다. 상상도이므로 배열 위치는 다를 수 있다. 부호들의 의미는 다음과 같다.

　　▷ - 五方旗
　　▶ - 戟　幡
　　◯ - 扇종류
　　☂ - 傘종류(우산·양산)
　　馬 - 말을 탄 사람
　　○ - 행렬참가자 중 말을 타지 않은 사람

<그림 1> 南京巡幸衛仗

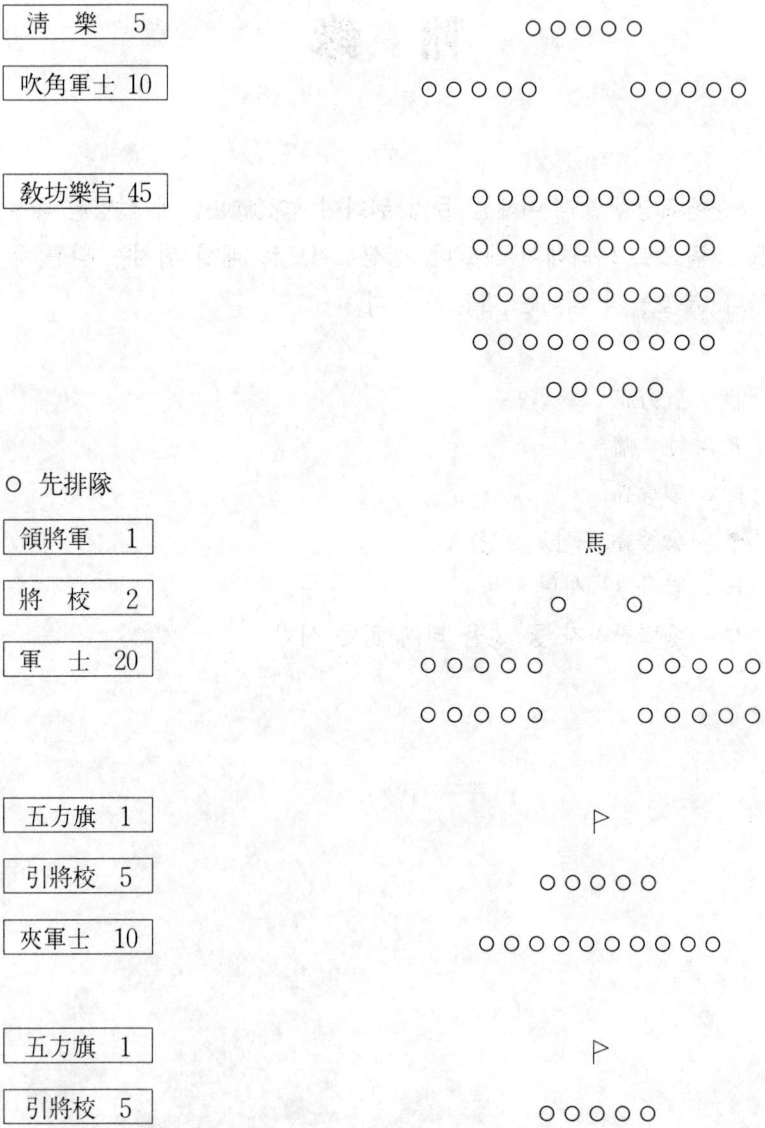

| 淸　樂　　5 |
| 吹角軍士　10 |
| 敎坊樂官　45 |

○ 先排隊

| 領將軍　　1 |
| 將　校　　2 |
| 軍　士　20 |

| 五方旗　　1 |
| 引將校　　5 |
| 夾軍士　10 |

| 五方旗　　1 |
| 引將校　　5 |

馬

| 夾軍士 10 | ○○○○○○○○○○ |

五方旗 1	▷
引將校 5	○○○○○
夾軍士 10	○○○○○○○○○○

五方旗 1	▷
引將校 5	○○○○○
夾軍士 10	○○○○○○○○○○

五方旗 1	▷
引將校 5	○○○○○
夾軍士 10	○○○○○○○○○○

○ 淸遊隊

| 領都將 4 | 馬馬馬馬 |

| 將 校 4 | 馬馬馬馬 |

| 軍 士 40 | 馬馬馬馬馬　　馬馬馬馬馬
馬馬馬馬馬　　馬馬馬馬馬
馬馬馬馬馬　　馬馬馬馬馬
馬馬馬馬馬　　馬馬馬馬馬 |

○　白甲隊

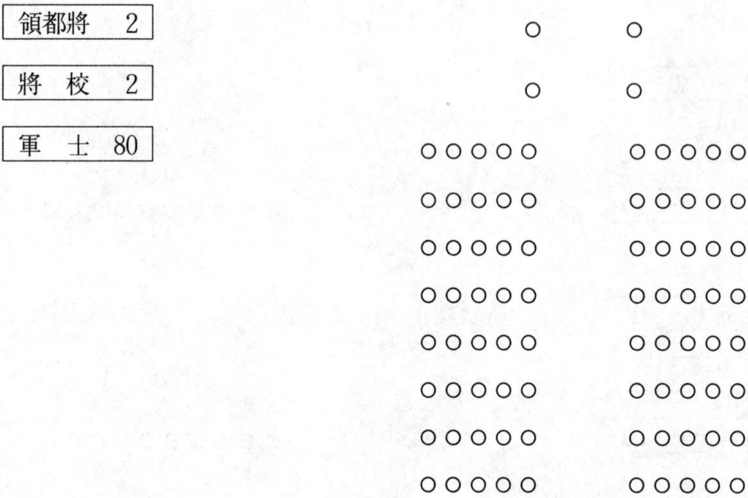

| 領都將　2 |

○　○

| 將　校　2 |

○　○

| 軍　士　80 |

○○○○○　　○○○○○
○○○○○　　○○○○○
○○○○○　　○○○○○
○○○○○　　○○○○○
○○○○○　　○○○○○
○○○○○　　○○○○○
○○○○○　　○○○○○
○○○○○　　○○○○○

○　骨朶子隊

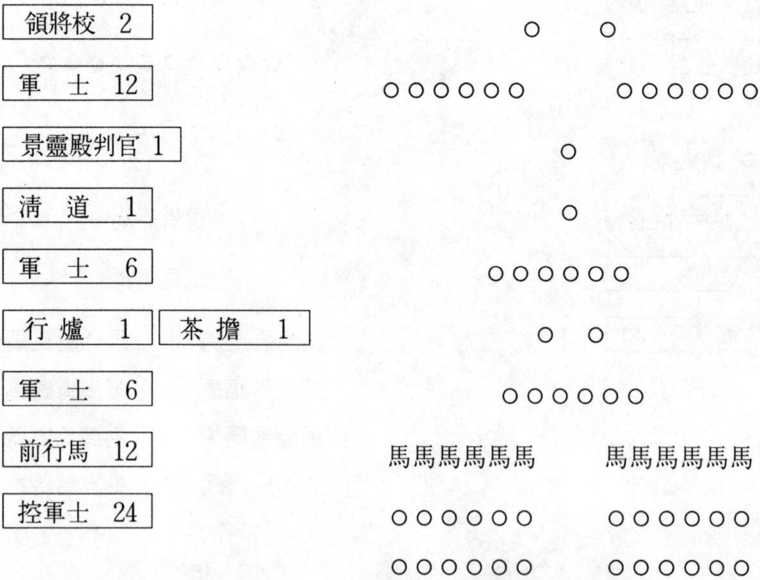

| 領將校　2 |

○　　○

| 軍　士　12 |

○○○○○○　　○○○○○○

| 景靈殿判官　1 |

○

| 淸　道　1 |

○

| 軍　士　6 |

○○○○○○

| 行　爐　1 | 茶　擔　1 |

○　　○

| 軍　士　6 |

○○○○○○

| 前行馬　12 |

馬馬馬馬馬馬　　馬馬馬馬馬馬

| 控軍士　24 |

○○○○○○　　○○○○○○
○○○○○○　　○○○○○○

○　銀粧長刀隊

| 領將校　2 |
| 軍　士　10 |
| 絞　床　1 |
| 水灌子　1 |
| 軍　士　4 |
| 御甲擔　1 |
| 軍　士　4 |

○　白�斫子洪羅號隊

| 領將校　2 |
| 軍　士　12 |
| 國　印　1 | 書詔寶擔　1 |
| 中書主寶吏　1 |
| 軍　士　12 |
| 細弓箭將校　6 |
| 紫繡扇　10 |
| 承　旨　10 |
| 靑大傘　1 |
| 夾軍士　6 |
| 陽　傘　1 |

| 軍　士　4 |

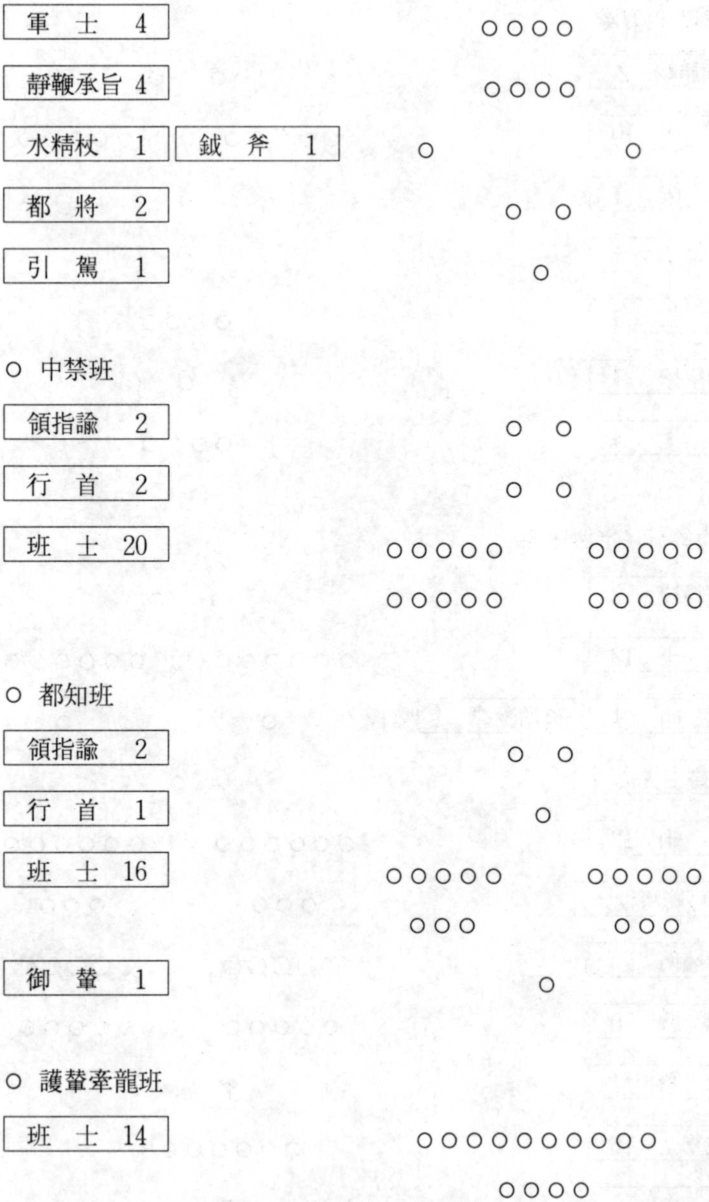

○ ○ ○ ○

| 靜鞭承旨 4 |

○ ○ ○ ○

| 水精杖　1 | 鉞　斧　1 |

○　　　　　　　　　○

| 都　將　2 |

○　　○

| 引　駕　1 |

○

○ 中禁班

| 領指諭　2 |

○　　○

| 行　首　2 |

○　　○

| 班　士　20 |

○ ○ ○ ○ ○　　　○ ○ ○ ○ ○
○ ○ ○ ○ ○　　　○ ○ ○ ○ ○

○ 都知班

| 領指諭　2 |

○　　○

| 行　首　1 |

○

| 班　士　16 |

○ ○ ○ ○ ○　　　○ ○ ○ ○ ○
○ ○ ○　　　　　　○ ○ ○

| 御　輦　1 |

○

○ 護輦牽龍班

| 班　士　14 |

○ ○ ○ ○ ○ ○ ○ ○ ○ ○
○ ○ ○ ○

| 控　鶴　24 | ○○○○○○○○○○
○○○○○○○○○○
○○○○ |

轎　子　1	○
護轎子將校 1	○
軍　士　30	○○○○○　○○○○○ ○○○○○　○○○○○ ○○○○○　○○○○○

內　侍　官　2	○　　○
御弓箭將軍 1	馬
承　制　員　1	○
左右上將軍 2	馬　　馬
千牛大將軍 2	馬　　馬
千牛備身將軍 4	馬 馬　　馬 馬
備身將軍 4	馬 馬　　馬 馬
後殿官 1 ／ 監察御使 1	○　　○

○ 玄武隊

領都將　2	○　○
將　校　2	○　　○
軍　士　30	○○○○○　○○○○○ ○○○○○　○○○○○

```
                              ○○○○○        ○○○○○

┌─────────────┐                 馬  馬          馬  馬
│ 後行馬   4  │
└─────────────┘
┌─────────────┐               ○○○○○○       ○○○○○○
│ 控軍士  12  │
└─────────────┘


○ 衛身馬隊

┌─────────────┐                    馬    馬
│ 領都將   2  │
└─────────────┘
┌─────────────┐                    馬    馬
│ 將  校   2  │
└─────────────┘
┌─────────────┐               馬馬馬馬馬      馬馬馬馬馬
│ 軍   士  30 │               馬馬馬馬馬      馬馬馬馬馬
└─────────────┘               馬馬馬馬馬      馬馬馬馬馬

┌─────────────┐               ○○○○○        ○○○○○
│細弓箭軍士 46│               ○○○○○        ○○○○○
└─────────────┘               ○○○○○        ○○○○○
                              ○○○○○        ○○○○○
                                ○○○          ○○○

┌─────────────┐                     ☂
│ 雨  傘   1  │
└─────────────┘
┌─────────────┐                    ○○○○
│ 軍  士   4  │
└─────────────┘


○ 後殿隊

┌─────────────┐                      馬
│ 領將軍   1  │
└─────────────┘
┌─────────────┐                    馬  馬
│ 都  將   2  │
└─────────────┘
┌─────────────┐                    ○    ○
│ 將  校   2  │
└─────────────┘
┌─────────────┐               ○○○○○        ○○○○○
│ 軍   士  30 │
└─────────────┘
```

○○○○○　　　　○○○○○
　○○○○○　　　　○○○○○

○ 巡檢左右府

| 領都將 2 |

馬　馬

| 指　諭 6 |

馬馬馬馬馬馬

| 郎　將 1 | 別　將 1 | 散　員 1 |

○○○

| 軍　士　150 |

○○○○○○○○○○○○○○○○○○○○○○
○○○○○○○○○○○○○○○○○○○○○
○○○○○○○○○○○○○○○○○○○○○
○○○○○○○○○○○○○○○○○○○○
○○○○○○○○○○○○○○○○○○○○
○○○○○○○○○○○○○○○○○○○○
○○○○○○○○○○○○○○○○○○○○
○○○○○○○○○○

| 吹螺軍士 10 |

○○○○○　　　　○○○○○

〈그림 2〉 南京巡幸回駕奉迎衛仗

吹角軍士 10

○○○○○　　　○○○○○

○ 先排隊

領將軍　1

馬

將　校　6

○○○　　　○○○

軍　士　100

○○○○○　○○○○○
○○○○○　○○○○○
○○○○○　○○○○○
○○○○○　○○○○○
○○○○○　○○○○○
○○○○○　○○○○○
○○○○○　○○○○○
○○○○○　○○○○○
○○○○○　○○○○○
○○○○○　○○○○○

○ 淸遊隊

領都將　2

馬　　　馬

將　校　6

馬馬馬　　　馬馬馬

軍　士 100

馬馬馬馬馬　馬馬馬馬馬
馬馬馬馬馬　馬馬馬馬馬
馬馬馬馬馬　馬馬馬馬馬

〈그림 2〉 南京巡幸回駕奉迎衛仗

馬馬馬馬馬　　馬馬馬馬馬
馬馬馬馬馬　　馬馬馬馬馬
馬馬馬馬馬　　馬馬馬馬馬
馬馬馬馬馬　　馬馬馬馬馬
馬馬馬馬馬　　馬馬馬馬馬
馬馬馬馬馬　　馬馬馬馬馬
馬馬馬馬馬　　馬馬馬馬馬

○ 防牌隊

| 領將校　10 |

| 軍　士　200 |

○○○○○　　○○○○○
○○○○○　　○○○○○
○○○○○　　○○○○○
○○○○○　　○○○○○
○○○○○　　○○○○○
○○○○○　　○○○○○
○○○○○　　○○○○○
○○○○○　　○○○○○
○○○○○　　○○○○○
○○○○○　　○○○○○
○○○○○　　○○○○○
○○○○○　　○○○○○
○○○○○　　○○○○○
○○○○○　　○○○○○
○○○○○　　○○○○○
○○○○○　　○○○○○
○○○○○　　○○○○○

○ 白甲隊

領都將	2
將　校	10
軍　士	150

○ 銀骨朶子隊

領將校　2

　○　　　　　○

軍　士　40

　○○○○○　　○○○○○
　○○○○○　　○○○○○
　○○○○○　　○○○○○
　○○○○○　　○○○○○

景靈殿判官 1

　○

清　道　1

　○

軍　士　4

　○　○　　　　○　○

前行馬　14

　馬馬馬馬　　馬馬馬馬
　馬馬馬　　　馬馬馬

控軍士　28

　○○○○○　　○○○○○
　○○○○○　　○○○○○
　○○○○　　　○○○○

○ 銀粧長刀隊

領將校　2

　○　　　　　○

軍　士　20

　○○○○○　　○○○○○
　○○○○○　　○○○○○

絞　床　1	水灌子 1

　○　　　　　○

軍　士　4

　○○○○

御甲擔　1

　○

軍　士　4

　○○○○

○　銀[illegible]研子洪羅號隊

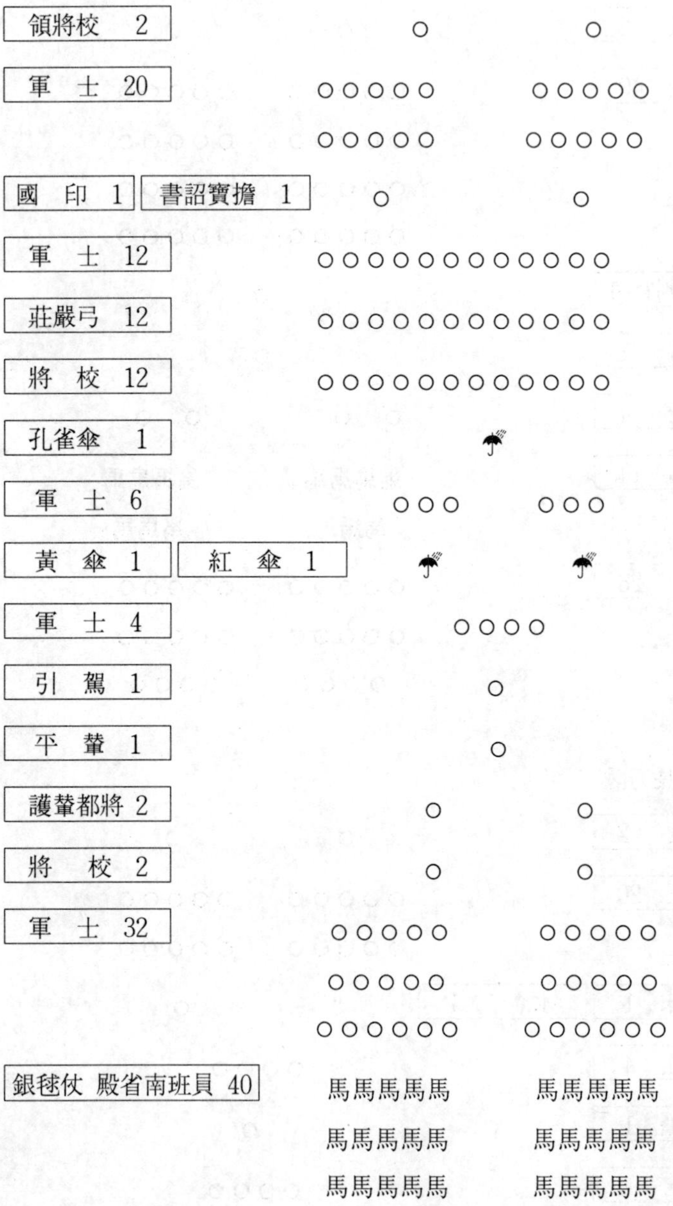

| 領將校　2 |
| 軍　士　20 |

| 國　印　1 | 書詔寶擔　1 |
| 軍　士　12 |
| 莊嚴弓　12 |
| 將　校　12 |
| 孔雀傘　1 |
| 軍　士　6 |
| 黃　傘　1 | 紅　傘　1 |
| 軍　士　4 |
| 引　駕　1 |
| 平　輦　1 |
| 護輦都將　2 |
| 將　校　2 |
| 軍　士　32 |

| 銀毬仗　殿省南班貝　40 |

馬馬馬馬馬　　馬馬馬馬馬
馬馬馬馬馬　　馬馬馬馬馬
馬馬馬馬馬　　馬馬馬馬馬

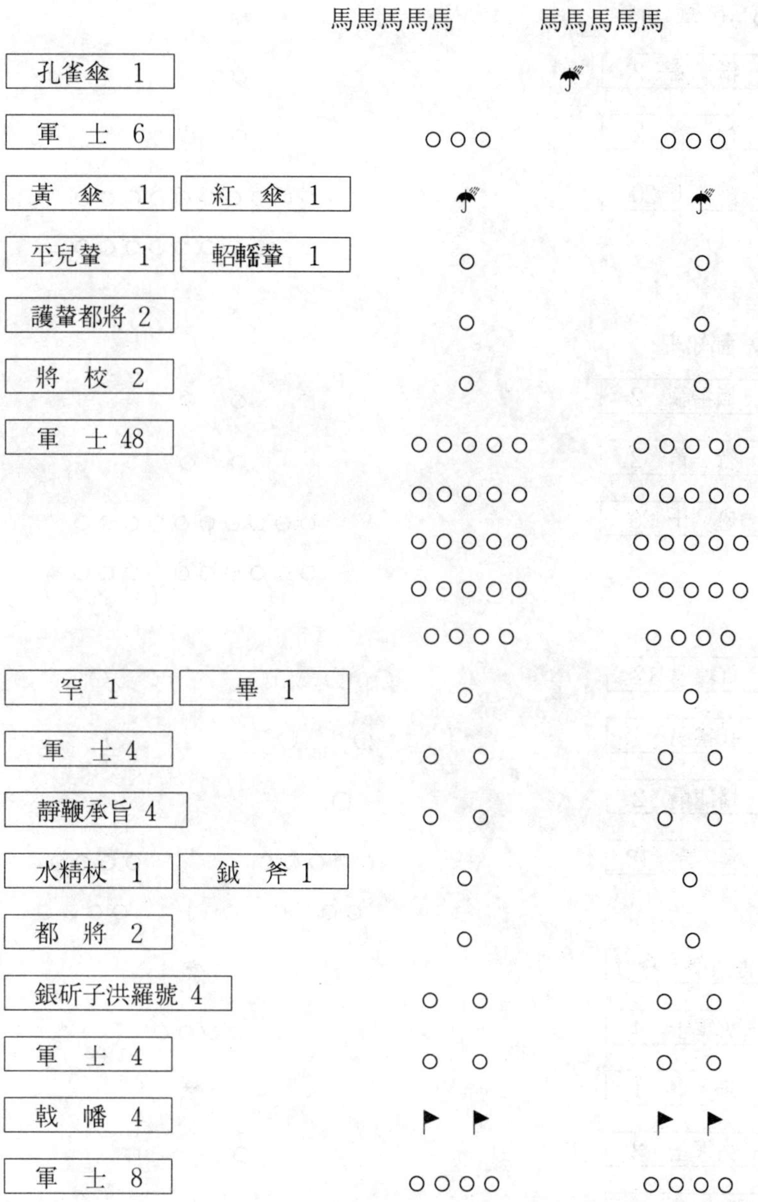

馬馬馬馬馬　　馬馬馬馬馬

孔雀傘 1

軍　士 6

黃　傘 1　　紅　傘 1

平兒輦 1　　輻輻輦 1

護輦都將 2

將　校 2

軍　士 48

罕 1　　畢 1

軍　士 4

靜鞭承旨 4

水精杖 1　　鉞　斧 1

都　將 2

銀斫子洪羅號 4

軍　士 4

戟　幡 4

軍　士 8

馬馬馬馬馬　　馬馬馬馬馬

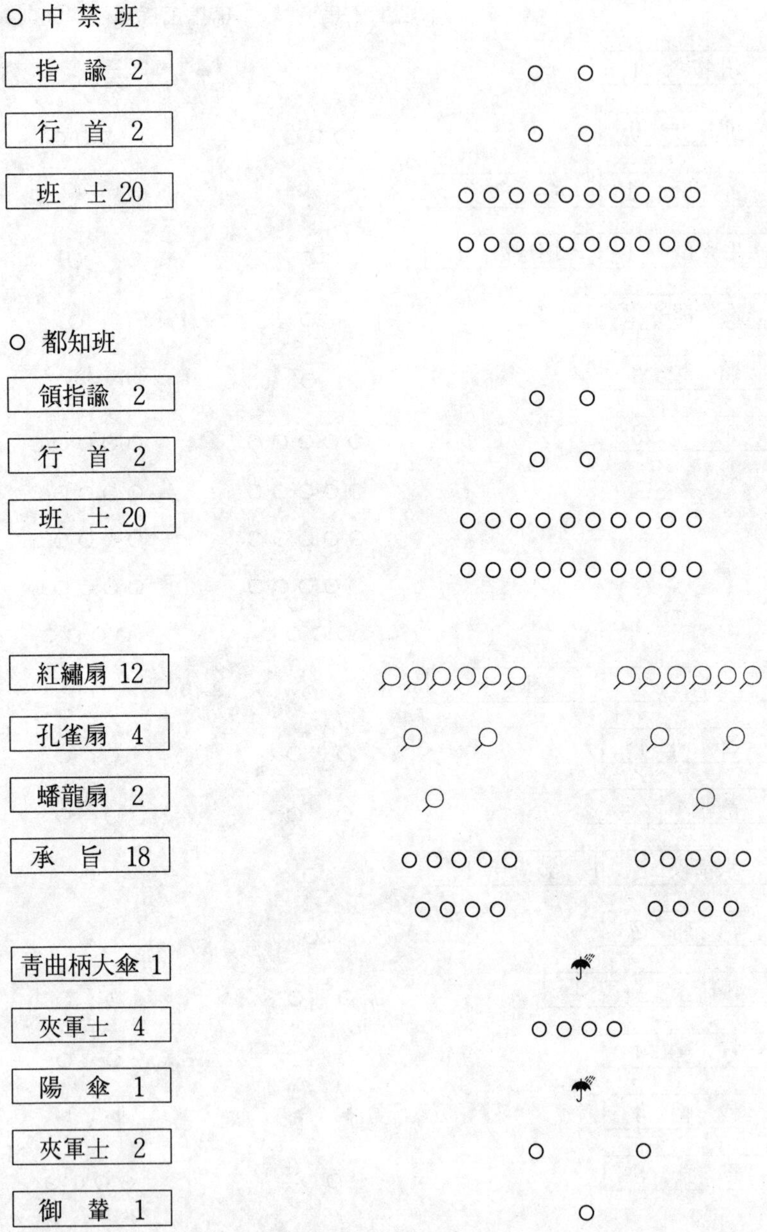

○ 中禁班

| 指 諭 2 |
| 行 首 2 |
| 班 士 20 |

○ 都知班

| 領指諭 2 |
| 行 首 2 |
| 班 士 20 |

| 紅繡扇 12 |
| 孔雀扇 4 |
| 蟠龍扇 2 |
| 承 旨 18 |

| 青曲柄大傘 1 |
| 夾軍士 4 |
| 陽 傘 1 |
| 夾軍士 2 |
| 御 輦 1 |

○ 牽龍班

行 首 2	○　　　○
軍 士 20	○○○○○○○○○○ ○○○○○○○○○○
銀斫子紅羅號 4	○○○○
郎 將 4	○　○　　　○　○
上將軍 2	馬　　　　馬
大將軍 2	馬　　　　馬
千牛備身將軍 4	馬 馬　　馬 馬
後行馬 4	馬馬馬馬
控軍士 8	○○○○○○○○

○ 玄武軍隊

領都將 2	○　　　　○
將 校 10	○○○○○　　○○○○○
軍 士 100	○○○○○　　○○○○○ ○○○○○　　○○○○○ ○○○○○　　○○○○○ ○○○○○　　○○○○○ ○○○○○　　○○○○○ ○○○○○　　○○○○○ ○○○○○　　○○○○○ ○○○○○　　○○○○○ ○○○○○　　○○○○○

○○○○○　　　○○○○○
○○○○○　　　○○○○○

○ 衛身馬隊

領都將 2

馬　　　　　馬

將　校 20

馬馬馬馬馬　　　馬馬馬馬馬
馬馬馬馬馬　　　馬馬馬馬馬

軍　士 400

馬馬馬馬馬馬馬馬馬馬　　　馬馬馬馬馬馬馬馬馬馬
馬馬馬馬馬馬馬馬馬馬　　　馬馬馬馬馬馬馬馬馬馬
馬馬馬馬馬馬馬馬馬馬　　　馬馬馬馬馬馬馬馬馬馬
馬馬馬馬馬馬馬馬馬馬　　　馬馬馬馬馬馬馬馬馬馬
馬馬馬馬馬馬馬馬馬馬　　　馬馬馬馬馬馬馬馬馬馬
馬馬馬馬馬馬馬馬馬馬　　　馬馬馬馬馬馬馬馬馬馬
馬馬馬馬馬馬馬馬馬馬　　　馬馬馬馬馬馬馬馬馬馬
馬馬馬馬馬馬馬馬馬馬　　　馬馬馬馬馬馬馬馬馬馬
馬馬馬馬馬馬馬馬馬馬　　　馬馬馬馬馬馬馬馬馬馬
馬馬馬馬馬馬馬馬馬馬　　　馬馬馬馬馬馬馬馬馬馬
馬馬馬馬馬馬馬馬馬馬　　　馬馬馬馬馬馬馬馬馬馬
馬馬馬馬馬馬馬馬馬馬　　　馬馬馬馬馬馬馬馬馬馬
馬馬馬馬馬馬馬馬馬馬　　　馬馬馬馬馬馬馬馬馬馬
馬馬馬馬馬馬馬馬馬馬　　　馬馬馬馬馬馬馬馬馬馬
馬馬馬馬馬馬馬馬馬馬　　　馬馬馬馬馬馬馬馬馬馬
馬馬馬馬馬馬馬馬馬馬　　　馬馬馬馬馬馬馬馬馬馬
馬馬馬馬馬馬馬馬馬馬　　　馬馬馬馬馬馬馬馬馬馬
馬馬馬馬馬馬馬馬馬馬　　　馬馬馬馬馬馬馬馬馬馬

馬馬馬馬馬馬馬馬馬馬　　馬馬馬馬馬馬馬馬馬馬
馬馬馬馬馬馬馬馬馬馬　　馬馬馬馬馬馬馬馬馬馬

○ 後殿隊

領將軍 1

將　校 5

軍　士 100

雨　傘 1　　雨　傘 1

軍　士 2

敎坊樂官 100

安國伎 40

雜劇伎 160

吹螺軍士 10

ABSTRACT

A study of Nam Kyung in the Koryo Dynasty of Korea

By CHOI HYE SOOK

This dissertation is aimed to do an analytic and comprehensive study of Nam Kyung(南京, southern capital), which was the capital in the Chosun Dynasty and one of the three capitals(三京) in the Koryo Dynasty. Considering that Nam Kyung was located in the area of contemporary Seoul, it is necessary to study diverse aspects of Nam Kyung during the Koryo and Chosun periods.

Yang Ju(楊州) was elevated to the status of the Nam Kyung Yoo Su Kwan(南京留守官) in the 21st year of King Mun Jong(文宗, 1067 A.D.), and the royal palace was constructed next year. With the elevation of Nam Kyung(previously Yang Ju) to a capital, the three capital system was first established along with other two previous capitals, Kae Kyung(開京) and Su Kyung(西京). This system began to have a new meaning in the administration of the royal government. Nam Kyung was abolished later, but its reestablishment began in the 4th year of King Sook Jong(肅宗, 1099 A.D.) and was finally finished five years later with the construction of the royal palace.

Nam Kyung was elevated to a capital to provide a place of royal tour due to the wide spread of Dochamsasang(圖讖思想) at the time. In combination with the native worship for nature and natural objects, the newly-introduced Dochamsasang became influential. In the form of supplication for good luck and blessing as well as sightseeing, the royal tour was taken for the reasons of Dochamsasang.

There were eight officials including Yusoo(留守), Buyusoo(副留守), Pankwan(判官), Sarokchamkunsa(司錄參軍事), Jangsuki(掌書記), Bubjo (法曹), Uisa(醫師), and Munsa(文師). The governor of Nam Kyung was the highest position to which a third degree or higher official was appointed. The historical record shows that nobody was actually appointed to the governorship during the reign of King Mun Jong, which fact seems to suggest that the governorship was not an appointed position. A military officer could be appointed to the governorship, and the position could also be given as a double duty to someone who held another position. Moreover, an official who failed to protect his territory of jurisdiction against the enemy invasion was given the Nam Kyung governorship as a punishment.

Under the Yusoo, there was an Buyusoo, an official of the fourth degree or higher. The position of Pankwan was changed into that of Soyun(少尹) held by an official of the sixth degree during the rule of King Ye Jong (睿 宗). There was also one Sarokchamkunsa of the seventh degree or higher, and this position was usually held by those who passed the prestigious civil service examination or who won the first place in the examination. Jangsuki was given to an official of the seventh degree or higher, and someone from the prestigious family could hold this position as a reward.

During the King Sook Jong's period, the boundary of Nam Kyung was prescribed to be a plain on the south of the Mt. Sam Kag(三角) and on the north of Mt. Mok Myuck(木覓). King Sook Jong officially drew the boundary of Nam Kyung, Dae Bong(大峯) to the north and Sa Ri(沙里) to the south with the Han River(漢江) as its limit. The Nam Kyung Yoo Su Kwan in Yang Ju is believed to have been situated in the areas of Do Bong-gu, Jong Ro-gu, Yong San-gu, Jung Rang-gu and Kwang Jin-gu in contemporary Seoul.

It is believed that the royal palace was situated behind the Kyung Bok palace. Its subordinate counties included Kyo Ha, Gyun Ju and Po Ju, and its subordinate districts were Haeng Ju, Bong Sung, Ko Bong, Shim Ak, Pung Yang and Sa Chun. To translate these areas into current geographical locations, the subordinate counties and districts were situated in Pa Ju, Yang Ju, Po Chun, Haeng Ju.

The royal tour which first started during the rule of King Sook Jong was designed to elevate the status of Nam Kyung and to prolong the span of prosperity for the royal capital on the basis of the prevalent geomantic principles. In addition to hunting and sightseeing, the primary purpose of the tour was to pray for good luck and blessing for the nation. After the royal tour to Nam Kyung, the king granted a general pardon to free criminals in prison and reduced taxes by half to make a compensation for the expenses and labor that were imposed on people during the tour in an effort to demonstrate his royal generosity and authority.

The outfit of the royal tour to Nam Kyung took about 40 days with a retinue of Chamjijungsa(參知政事), Kwonjichumilwonbusa(權知樞密院副使), Osadaesa(御史臺事) and Pyungjangsa(平章事). During the tour, local officials exacted high taxes from people to treat the king and his retinue in a luxurious manner and even tried to bribe the retinue. As a result, there were many complaints among people.

The scale of the tour to Nam Kyung was as luxurious and grand as that to Su Kyung. The retinue of more than 3700 attendants accompanied the king to demonstrate royal power and authority. The king travelled under the large-scale military escort such as Sumbaedae(先排隊), Chungnyudae(淸遊隊), Goltajadae(骨朵子隊), Unjangjangdodae(銀粧長刀隊), Jungkumban(中禁班), Dojiban(都知班), Kyunnyungban(牽龍班), Hyummudae(玄武隊), Wishimmadae(衛身馬隊), Hujundae(後殿隊) and Sunggumjwaubu(巡檢左右府), etc, whose size became larger substantially in comparison to that in the Sam Kook(三國) period. King Ui Jong(毅宗) officially prescribed the procedure and scale of the royal tour in detail in an effort to achieve virtuous governance and the prosperity of the dynasty through his elevated authority at the time of such hardships. Despite his effort, however, his political ideals failed to materialize in real politics and governance, and his power came to diminish into the general negligence of his authority by his subordinates. In response to his declining authority, he turned to the divine, Buddhism and other gods, demonstrated his royal power to civilian ministers, and tried to escape from threats by making tours from the palace. His efforts to prescribe the procedure and scale of the royal tour need to be approached from the perspective of his reduced royal power and authority.

The clothing made of silk was colorful along with the hat. The king was escorted by the guards whose outfit included sun-shade or umbrellas 傘), fans(扇), swords(刀), flags(旗), arrows(弓), axes(斫), stics(杖) and canes(槍). This tradition continued in the Chosun period.

The three transfers of the capital to Nam Kyung by King Kong Min(恭愍王), King Woo(禑王) and King Kong Yang(恭讓王) in the Koryo period lasted only several month, but they were certainly not the prolonged royal tours, but the official transfers of the capital in many respects. It is presumed that the transfer of the capital to Han Yang by the founders of the Chosun dynasty was aimed, in a sense, to realize the long-aspired will of the rulers to transfer the capital to Nam Kyung.

찾아보기

ㄱ

監務 139
江南 9
開京 10, 109
蓋鹵王 67
皆伯縣 80
개성 157
開豊郡 33
更定田柴科 61
巨璉 68
乾德殿 30
桀婁 68
黔浦縣 84
見州 78
牽龍班 122
甄萱 99
京畿 13
경기제 28, 29
景德王 2
景福宮 91
慶復興 144
景宗 101
京職 43

高峯 80
高麗圖經 15
高麗史 2
高木根縣 90
骨乃斤 22
骨衣奴縣 81
骨朶子隊 112, 114
恭愍王 34
孔巖縣 83
恭讓王代 3
工曹 11
關內 9
廣陵 67, 72
廣津 72, 73
交河 77
喬桐縣 90
교산동 72
구석기시대 21
國王巡駐京 10, 33
國印 116
國朝五禮儀 115
權純馨 2
權仲和 40
歸京歡迎衛仗 120

近肖古王　67, 70
衿州　82
金甫當　48
金魚　63
箕達山　33
岐峯　65
金甲童　5
金達祥　50
金方慶　49
金傳　99
金士衡　23
金先致　148
金先致傳　146
金永錫　47
金完　134
金謂磾　36, 39
金湊　40
金浦縣　84
金鉉　138

羅悋淳　3, 5
駱山　65
南京　10, 109
南京開創都監　36, 37
南京建都議　35, 36
南京副留守　52

南京巡幸衛仗　107, 110, 112
南京留守　44, 59
南京留守官　67
南京留守使　47
南京尹　63
南山　24
南閤　40
南川　22
남한강　21
南漢山　72
남한산성　72
內乙買縣　81
노들강　73
鹵簿　124
盧原驛　39
祿俸　59

達乙省縣　80
踏山歌　34, 37
唐城郡　85
對盧　68
大峯　65, 75
德水縣　30
度迷津　72
道詵　17, 143
道詵秘記　34, 36

都知班　112, 116, 122
圖讖　19
東京　10
童城縣　83
冬音奈縣　90
童子忽縣　83
동작강　73
東湖　73

ㅁ

마포　24
마포강　73
馬忽郡　78
萬景　74
買省郡　78
買召忽縣　85
買忽郡　86
面嶽　65
木覓山　24
木覓壤　37
牧使　2
몽고　34
몽촌토성　72
묘청　5
무악재　157
文達漢　50
文師　63

文象　36, 39
門蔭　154
文一平　16
文周王　67
閔丙河　2, 93
閔霽　50
閔漬　58

ㅂ

朴原鏡　147
朴仁碩　48
朴宗基　5
朴漢杲　2, 93
飯僧行事　30
防牌隊　120
裵景誠　54
背子　116
白䩞斫子洪羅號隊　112, 115
白甲隊　112, 114, 120
白馬山　33
白岳　138, 143, 152
白雲　74
百濟　67
白鶴山　33
法語集　140
法曹　10, 63
兵曹　11

菩薩戒　30

寶薪鄉　81

普愚　5, 140

寶曹　11

峯城　80

奉國郡　72

봉산　157

봉은사　135

副留守　10, 63

釜山縣　88

北瀆　73

北岳　65

북한강　21

北漢山郡　2, 67

북한산성　71

分司制度　11

佛谷山　74

秘記　14, 37

裨補寺塔　19

裨補寺塔說　16

ㅅ

沙川　81

四佳詩集　72

司錄參軍事　10, 63

沙里　65, 75

沙伏忽　88

蛇城　70

沙平나루　73

朔方　9

山南　9

山川崇拜思想　16

三角山　24, 25, 109

三角山明堂記　34, 38

三國史記　67

三蘇　33

三蘇宮　33

三田渡　72

三韓會土記　12

尙書右僕射　45

詳定古今禮　110

上忽縣　87

西江　24, 33, 73

徐居正　72

西京　10

西京留守　59

徐兢　15, 110, 125

서운관　27

書詔寶　116

先排隊　112, 120

宣諭使　48

성리학　27

成宗　2

松山部曲　88

松岳　37

水州　86

守安縣　84

首爾忽　84

樹州　82

首知縣　90

숙종　26

巡檢左右府　112, 118

巡狩　96, 97

순행　33

巡幸　94, 97

述彌忽縣　80

승가굴　109

始定田柴科　60

시지　28

新京　138, 139

辛廉　49

神誌秘詞　34, 38

신진사대부　27

深　嶽　81

沈德符　40

雙阜縣　87

ㅇ

阿且山城　70

아차산성　70

阿且城　70

安南都護府　76

安撫使　2

安山　65

安山縣　87

安西都護府　30

安陽縣　86

安瑗　150, 151

안주　157

陽城縣　88

楊州　2, 4, 67

楊津　72, 73

魚符　63

嚴守安　53

洌水　73

嶺南　9

嶺東　9

永新縣　87

銳方　12

睿宗　107

吳詗　55

溫祚　69

王珪　47

王儒　99

王駟　49

外官祿　59, 154

外職　43

龍馬峯　65

龍鳳帳 20

龍山 24, 39

용산강 73

龍城縣 87

용호 73

右宮 19

牛首州誓 22

禑王 134, 144

熊津 67

元沆 54

慰禮城 69

衛身馬隊 112, 117, 123

衛尉丞同正 36

留守 63

柳珣 51, 149

兪升旦 48, 55

柳爰廷 51

庾應圭 51

庾資諒 51

尹瓘 19, 36, 37, 39

尹宣佐 49

尹莘傑 55

銀韓斫子紅羅號隊 121

銀骨朶子隊 121

銀粧長刀隊 112, 115, 121

陰德全 36

醫師 63

儀曹 11

毅宗 107, 157

의주 157

李伯兼 55

李丙燾 2, 65, 93

李彬 51

李相瑄 4

李成桂 23, 151

李世延 48

李淳中 53

李軾 47

李安 49

李益邦 55, 57

李資義 26, 36

李齊賢 99

李重煥 19, 23

李之茂 48

李稷 40

仁州 85

引慶山 24

仁壽 74

仁王山 65

仁宗 15

仁州李氏 26

一行 18

任洵 54

任懿 36, 39

仍伐奴縣 82

ㅈ

紫羅冠 116
蠶頭峯 24
長湍 139, 143
張補之 146
掌書記 10, 63
長壽王 67
長源亭 19, 33
張夏 51
長漢城 70
獐項口縣 87
載陽縣 86
전시과 28
節度使 2
丁公壽 45, 49
鄭道傳 40
貞松縣 88
鄭瑎 48, 49
齊次巴衣縣 83
趙琳 51
趙文拔 55
趙俊 23
左蘇 白岳山 33
左蘇造成都監 145
左神策軍 67

左右二輔 67
注簿同正 36
主夫吐郡 82
朱元璋 34
中禁班 112, 116, 122
中祀 67
中原 9
增補文獻備考 109
地理志 2
知事郡 76, 85
知西京留守事 10
稷山縣 69
鎭江縣 90
陣永緒 135
振威縣 88
眞興王 67

ㅊ

참위설 27
倉曹 11
綵棚 108
責稽王 70
遷都 134
天寶山 74
泉井口縣 77, 78
청동기시대 21
淸遊隊 112, 114, 120

靑鶴洞 24

崔伯輿 53

崔思諏 36, 37, 39

崔瑩 144

崔惟淸 45, 47

崔允儀 110

崔仁遠 50

崔資顥 36

崔正華 48

崔惠淑 3

樞密院副使 45

樞密院使 45

춘궁동 70, 72

忠烈王 2, 44

忠肅王 24

ㅌ

彈弓 116

太祖 2

擇里志 19

通津縣 83

ㅍ

파주 157

判官 10, 63

湏西道 9

坪古城 70

평양 157

平淮押縣 83

抱州 78

豊壤 81

風納城 70

풍납토성 71

風水圖讖思想 15, 32, 135

ㅎ

河南 9

河乙沚 49

河陰縣 90

河炫綱 101

漢江 65, 73

漢京識略 148

韓文俊 53

漢山州 72

漢山州誓 22

汗衫 116

漢城 23, 68

漢水 73

漢陽 23, 152

漢陽郡 2

漢陽府 2, 67

漢陽尹 20, 63

한양천도 5

韓惟忠   57

漢州   72

含弻   99

海陽   9

海村   39

幸州   80

行宮   24, 35

縣令官   76, 89

玄武軍隊   123

玄武隊   112, 117

鎬京   11

護輦牽龍班   112, 117

戶曹   11

笏   63

洪瑄   45

洪順   147

洪術   99

洪子藩   54

華山   74

華嶽   74

淮安   72

檜巖   146, 152

檜巖寺   108

後殿隊   112, 118, 123

興德王   17

興王寺   30

최혜숙(崔惠淑)

강원도 원주 출생
성신여자대학교 사학과 졸업
동 대학교 대학원 사학과 졸업(석사, 박사)
성신여자대학교, 서울여자대학교, 전주우석대학교 강사 역임
현, 서울특별시사편찬위원회 연구원

<논 문>

「고려시대 지공거에 관한 일연구」(1987), 「고려시대의 남경천도」(1997),
「고려시대 남경순행」(1998), 「고려시대 남경설치 배경에 대한 재검토」(1999),
「고려시대 남경관직」(2000)

<공 저>

『서울육백년사』(제5권), 『서울육백년사』(인물편), 『한강사』,
『서대문구지』, 『마포의 어제와 오늘』

高麗時代 南京 硏究

2004년 9월 10일 초판 인쇄
2004년 9월 20일 초판 발행

지은이 최혜숙
발행인 한정희
발행처 경인문화사
편 집 김명선

등록 제10-18호 1973. 11. 8
주소 서울시 마포구 마포동 324-3
전화 02) 718-4831~2
팩스 02) 703-9711
메일 kyunginp@chollian.net
ISBN 89-499-0280-X 93910   값: 13,000원